Ronny Kokert · Buddha & Rock 'n' Roll

Ronny Kokert

Buddha & Rock 'n' Roll

Der Weg der Neuen Helden

Alle Angaben in diesem Buch wurden vom Autor und vom Verlag sorgfältig geprüft, die Übungen sorgfältig ausgewählt. Eine Garantie kann dennoch nicht übernommen werden. Die Durchführung der Übungen erfolgt auf eigene Gefahr.
Eine Haftung des Autors bzw. des Verlages und seiner Beauftragten für Sach-, Vermögens- und Personenschäden ist ausgeschlossen.

www.kremayr-scheriau.at

ISBN 978-3-7015-0502-9
Copyright © 2007 by Buchverlage Kremayr & Scheriau/Orac, Wien
Alle Rechte vorbehalten
Einbandgestaltung: Kurt Hamtil
unter Verwendung eines Fotos von Oliver Jiszda
Layout, Satz und Repro: Media & Grafik, Wien
Fotos im Innenteil: Oliver Jiszda (S. 10, 22, 40, 52, 68, 88, 110, 150, 176);
  alle anderen: Ronny Kokert; Models: Evelyne Kokert, Chris Eppensteiner, Ronny Kokert
Druck und Bindung: IMPRESS d.d., SI-1295 Ivancna Gorica

Den Blumen meines Lebens!

Evelyne & Kim
Birgit & Irene

Dank an:
Meine Eltern und meine Familie
Barbara Köszegi und das Orac-Verlagsteam
Dr. Peter Hofbauer
Markus Gull
Nikolaus Schrefl
Oliver Jiszda
Lisa Unfried
Meine Freunde und an die Helden und Heldinnen von Shinergy
F.N.D. – Friends Never Die!

Inhalt

Vorsatz: Gib deinen Gedanken Kraft und sie werden Wirklichkeit

Wie ich mir als Jungspund von Grandmaster Flash die notwendigen Tipps zur Verwirklichung meiner Träume geholt habe und warum das jeder kann

Spiritualität und Erleuchtung haben mich schon immer fasziniert. Welcher Junge träumt nicht von schnellen Autos, schönen Frauen und wilden Partys? Der Verdacht auf Knochenmarksentzündung und der unglamouröse Realitätssinn meiner Umgebung machten es mir aber nicht gerade leicht, ein Optimist zu sein. Zum Glück konnte ich mich in den tiefen Auwäldern meiner Heimat verschanzen. Dort konnte ich ungestört von ruhmreichen Taten träumen, mit Rehen um die Wette laufen und mir meine schillernde Wirklichkeit schaffen. Auch ohne nur ein einziges Buch über Meditation gelesen zu haben.

Irgendwann war das aber nicht mehr genug. Die bunten Lichter der Großstadt zogen mich magisch an. Dort kämpfte ich mich durch die aufregende Welt der Kampfsport-Turniere und arbeitete begeistert an der Entwicklung von Shinergy. Die Zeit dazwischen überbrückte ich mit Meditation, Training und wilden Nächten. Außerdem verschlang ich alles zum Thema Spiritualität. Und langweilte mich dabei fast zu Tode. Mit den blassen Eso-Jüngern konnte ich noch nie etwas anfangen. Mit der Asia-Poesie vieler Kampfsportmeister, die gegen jeden ernst gemeinten Angriff eines 11-jährigen Schlüsselkindes völlig wirkungslos war, schon gar nicht.

Da suchte ich mir lieber andere Meister: Grandmaster Flash und andere Rap-Götter zum Beispiel. Wilde Hunde, coole Bräute und andere Rock 'n' Roller. Gewitzte Lebenskünstler, friedvolle Straßenkämpfer, erfahrungsreiche Tagelöhner und andere Buddhas.

Ihre „Message" und Lebensfreude ließen sich schon viel besser mit meinen spirituellen Kindheitsidealen vereinbaren. Die wilde Hochzeit von Buddha & Rock'n'Roll entfachte ein wahres Feuerwerk – manchmal musste ich schon fast aufpassen, dabei nicht zu verglühen. Das wirklich Erstaunliche aber war, dass alle Träume aus den Wäldern meiner Kindheit tatsächlich Realität wurden – und zwar genau so, wie ich mir das immer vorgestellt hatte. Das funktioniert immer noch.

Das ist aber eigentlich gar nichts Besonderes – jeder kann das. Aber nur wenige wissen es. Damit ist jetzt endgültig Schluss! Ich habe nun schon lange genug dabei zugesehen, wie eine langweilige Esoterikwelle ihren lustfeindlichen und pseudointellektuellen Schabernack treibt und lebensfrohen Menschen den Zugang zu gelebter Spiritualität verwehrt. Dieses Buch zeigt die praktische Anwendung universeller Prinzipien uralter spiritueller Lehren, die für die unmoralische und spannende Rückverbindung zum eigenen Selbst in seiner strahlenden Vollkommenheit sorgen – zu Glück, Freiheit, Liebe, Frieden, Sex und Moneten.

Dabei habe ich kein Blatt vor den Mund genommen und verzichte dankend auf lauwarme Formulierungen. Ich schreibe von ganzem Herzen. Immerhin geht es ums Leben. Dabei bin ich weder Guru, Oberlehrer noch erleuchtet. Ich bin nur ein unverbesserlicher Optimist, der noch lange nicht ausgeträumt hat. Der sagt, was er will, und tut, was er sagt.

Heldensagen reloaded

Warum sich der Einzelne nicht wohl fühlt, obwohl es uns allen so gut geht, und neue Helden anders aussehen

Heile Welt

Das Leben ist schön. Nur das eigene nicht.

Früher war alles noch viel besser. Da konnte man sich noch den Herausforderungen eines bewegten Lebens stellen und danach spannende Geschichten darüber erzählen. Über große Schlachten und Entbehrungen, die man auf sich genommen hatte, um die Grundwerte von Freiheit und Demokratie und die eigene Existenz zu sichern. Damit es die Kinder einmal besser haben.

Haben wir auch. Wir haben zumindest irgendein Elternhaus, eine solide Schulausbildung und können uns den Hintern auf ergonomischen Bürostühlen breit sitzen. Wir haben ein eigenes Auto, eine Karte im Fitnesscenter, immer genug zu essen und gebleichte Zähne.

Alles ist besser. Nichts ist gut. Da hetzt man durch einen immer hektischeren Alltag, angetrieben von lästigen Verpflichtungen, fremdbestimmten Ansprüchen und dem ewigen Kampf um noch mehr Geld, Sex und Ansehen. Geplagt von Ängsten und Sorgen, die man sich alle nur einbildet. Muss sich den ganzen Tag mit langweiligen Jobs herumschlagen, um sich am Abend in der praktisch-einheitlichen Neubauwohnung verkriechen zu können. Und fühlt sich am Ende frustriert, leer und erschöpft. Manchmal sogar richtig wütend.

Ausgepowert taucht man über den Fernseher zumindest für einige Stunden in die aufregende Welt der Schönen und Reichen ein. Starke Typen und coole Bräute sind das, die spannende Abenteuer bestehen, heiße Liebesgeschichten durchleben und nebenbei auch noch die Welt retten. Prominente, Stars und Sternchen, die dauernd wichtige Projekte starten, tolle Filme drehen, schöne Lieder trällern oder zumindest so tun als ob. Immer gut drauf, scheffeln die Geld wie Heu und feiern wilde Partys.

Kindheitstrauma

Als Kinder schien uns die ganze Welt noch offen zu stehen. Wir würden einmal etwas ganz Besonderes werden – davon waren wir fest überzeugt. Anfangs noch Ballerina, Cowboy, Ritter oder Prinzessin. Jetzt schon eher Rockstar, Filmheld und Supermodel. Doch erst das letzte Klassentreffen hat es wieder schonungslos gezeigt: Irgendwie scheinen alle zu genau jenen Spießern und Langeweilern geworden zu sein, gegen die sie sich einst so laut erhoben haben.

„Ruhig bleiben!", heißt das Motto – „Sei doch endlich zufrieden mit dem was du hast!" die Devise. Ausbrüche aus der Langeweile steril verpackter Mittelmäßigkeit sind verpönt – wer aufmuckt, macht sich schon verdächtig.

Irgendwann kommt schon unsere Zeit – ganz bestimmt. Dann werden wir es allen zeigen. Es muss ja nicht gleich die Rettung der ganzen Welt sein. Eine klitzekleine Heldentat, für die uns die Eltern endlich einmal bewundern könnten, würde ja schon genügen. Und so warten wir geduldig auf die große Casting-Show. Aber die kommt nicht. Und das macht uns dann wirklich zornig.

Die meisten fressen ihre Wut in sich hinein. Posieren heimlich nackt vorm Spiegel und verbergen ihre Aggressionen hinter einem lethargischen Weltschmerz. Plagen sich mit neumodischen Krankheiten und neurotischer Jammerei herum, gegen die es bis jetzt noch keine Impfung zu geben scheint.

Vielleicht hat man ja doch nur eine miese Karte gezogen und war zur richtigen Zeit einfach nicht am richtigen Ort.

Andere lassen ihrem Zorn freien Lauf. Ziehen als böse Buben und schlimme Schwestern durch die kalten Schluchten der Vorstadt. Hupen sich fluchend durch den Verkehr und weisen andere gerne auf ihre Fehler hin. Im Notfall sind halt die Ausländer an allem schuld. Bereit zur Gewalt, suchen sie ständig Streit und nehmen sich einfach, was sie brauchen. Wenn es sein muss auch mit vorgehaltener Schreckschusspistole. Dann steht man zumindest einmal in der Zeitung.

Manche aber fassen noch einmal Mut und beschließen, ein besserer Mensch zu werden.

Selbstverbesserung

„Lausche und lerne, denke positiv und wechsle endlich auf die Überholspur!", heißt es. „Dann wirst du erfolgreich sein, reich und glücklich. Und: Alle werden dich lieben!" Hilfe ist schnell zur Hand. Ganze Regale an Lebenshilfe-Büchern geben wertvolle Tipps. Neunmalkluge Berater, professionelle Besserwisser und studierte Lebens-Coaches nehmen uns gerne in ihren Kreis der Auserwählten auf.

Dort lernen wir, wie wir endlich noch mehr Wichtiges in unserer beschränkten Zeit unterbringen. Wie wir uns durch geschickte Rhetorik, artgerechte Haltung und ökonomische Verhaltensstrategie den entscheidenden Vorsprung verschaffen. Anfangs scheinen die Patentrezepte sogar zu funktionieren.

Die Schwerkraft des Alltags holt uns aber schon bald auf den harten Boden der Realität zurück. Unbedachte Fehlentscheidungen, Selbstzweifel und längst fällige Rechnungen halten beharrlich jedem positiven Leitsatz stand. In selbstbewusster Siegerhaltung und mit perfekt polierten Zähnen wird man von viel kleineren Bürokollegen erniedrigt. Und dem mühsam konstruierten Erfolgs-Image lässt es sich oft nur mehr in entfesselten Sexfantasien entfliehen.

Vielleicht muss man einfach noch härter rangehen – ohne Schweiß kein

Preis! Das wusste man früher auch schon. Damals wurde der Rhythmus aber wenigstens noch vom Wechsel der Jahreszeiten vorgegeben. Heute nur noch vom Outlook-Ordner und den ASAP-Mails auf dem Handy – voll der Stress. Ein ordentliches „Burn Out"-Syndrom gilt heute auch schon fast als Statussymbol für Fleiß und Strebsamkeit.

Noch schlimmer ist es, wenn man gar nichts zu tun hat. Das „Bore Out" Syndrom – die krank machende Langeweile – ist gerade erst dabei entdeckt zu werden. Aber Verdrängungswettbewerb, Globalisierung und Karrierebewusstsein erfordern starke Ellbogen. Da bleibt keine Zeit für Menschlichkeit.

Was bleibt, ist die Sehnsucht nach Inhalt. Nach Moral, ethischen Werten und einem tieferen Sinn hinter all dem Streben, vielleicht sogar nach ein wenig Spiritualität.

Harfenklang

Gleichgesinnte findet man schnell in der Vielfalt esoterischer Glaubensgemeinschaften. Dort fühlt man sich endlich angenommen und stellt sich gemeinsam dem Kampf gegen die oberflächliche Welt des Materiellen. Geld verdirbt sowieso nur den Charakter. Yu Hu Ching und Ronja Cholos, die eigentlich Hans-Jörg und Ernestine heißen, öffnen uns freundlich die Tür zu höherem Bewusstsein. Dann besprüht man den Raum mit Engels-Essenz, streichelt im meditativen Vollrausch sein nordisches Krafttier und weint mit arktischen Walen.

Oder man wechselt gleich zum Fernost-Import. Imitiert tapfer die Verrenkungen indischer Asketen und breitet im Qi-Gong-Kurs die Schwingen des Kranichs aus. Zarte Mandeldüfte und harmonische Harfenklänge leiten uns auf dem Weg zur Instant-Erleuchtung. Die lässt allerdings lange auf sich warten. Der Alltag nicht.

Im Büro riecht es so gut wie nie nach Mandeln, die meditative Ruhe ist schon vor der Mittagspause längst dahin und der ungehobelte Umgangston unreflektierter Bürokollegen entbehrt jeder harmonisierenden Wirkung. Und die Häufchen, in die man beim Aussteigen aus dem Auto steigt, stammen ganz sicher nicht vom nordischen Krafttier.

Außerdem schlafen einem bei der Birkenstock-Ästhetik und weltfremden Eso-Romantik sowieso die Füße ein. Da richten wir den Blick schon lieber auf die Beckenböden der anderen KursteilnehmerInnen. Und hören sie fast schon unsere Vornamen stöhnen.

Wir wollen Spaß!

Entfesselt im Neonlicht

Dann sprengt man die Fesseln permanenter Strebsamkeit. Taucht ein in die glitzernde Welt animierter Unterhaltung und verabreicht sich die volle Dosis an unbeschwerter Lebensfreude. Im Gleichklang feiert man sich in angesagten Clubs entfesselt durch die Nacht – wer sich morgen noch erinnern kann, war heute nicht dabei.

Dazwischen kann man sich in die geschlossenen Öko-Systeme unterhaltsamer Megaplex-Zentren zurückziehen. Im permanenten Neonlicht verschwimmen die Grenzen zwischen Schein und Sein. Dann hängt man in schicken Franchise-Kaffees ab, kauft sich durch bunte Kundenkarten und stylt sich nach den schicken Vorbildern aus dem Fernsehen. Kann endlich sein, wer man schon immer einmal sein wollte.

Aus der schüchternen Verkäuferin im Supermarkt wird dann mit einem Schlag der kesse Vamp mit arrogantem VIP-Bewusstsein. Und der ewige Student mutiert plötzlich zum Erfolgstypen. Dass er sich dafür vorher noch schnell Papis Luxus-Auto geliehen hat, bleibt nebensächlich. Manche übertreiben leicht und sind die ganze Zeit „zu". Zu „in", zu blond und viel zu cool.

Kaum ist der Lärm überschäumender Lebensfreude jedoch verstummt, erwacht man wieder im grauen Alltag moderner Bürokomplexe. Es regnet, riecht nach Schweißfüßen, und der neue Designer-Anzug erinnert im Kunstlicht der U-Bahn an das Paarungsgefieder neuseeländischer Sumpfhühner.

Die scharfe Blondine von letzter Nacht allerdings erinnert in ihrem grauen Business-Kostüm eher an die schmallippigen TV-Moderatorinnen betulicher Lebenshilfesendungen. Weit entfernt von MTV-Glamour und Promi-Lifestyle.

Buddha, Jesus und andere Rock 'n' Roller

Früher hatte man wenigstens noch seinen Glauben. Man wurde getauft, gefirmt und trat später auch brav zum Heringsschmaus an. Alles hatte seine rechte Zeit und seinen rechten Sinn. Und den erklärte der Religionslehrer gerne.

Doch den Glauben haben die meisten längst verloren. Zu schwerwiegend erscheinen die kirchlichen Verfehlungen an Inquisitionen, Kreuzzügen und Missionarsstellungen. Und das Weltbild frommer Kleindenker lässt sich mit einem kosmopolitischen Freigeist schon gar nicht vereinen.

Da sucht man sich lieber andere Idole. Siddharta Gautama zum Beispiel, den Begründer des Buddhismus. Als Prinz mit edler Herkunft verzichtete er dankend auf Gold, Ruhm und die Annehmlichkeiten eines Luxus-Lebens. Mutig zog er aus, um das Fürchten zu lernen und die Ursachen menschlichen Leides zu finden. Kurzzeitig schloss er sich sogar einer Gruppe von Asketen an, die alles Lustvolle verneinten und im enthaltsamen FKK-Stil unrasiert in der Gegend herumlungerten.

Dort verabschiedete er sich aber schon bald, legte sich einen schicken Haarschnitt zu und setzte sich, der Selbstkasteiung überdrüssig, unter einen Schatten spendenden Baum. Als adeliger Sturkopf mit hohen Zielen wollte er dort nicht eher aufstehen, als dass er die Antworten auf seine Fragen gefunden hätte.

Es wurde eine ungewohnt lange Sitzung. Manche Zeitzeugen berichten, es habe Jahre gedauert, bis sich der inzwischen sicherlich ein wenig eingerostete Prinz erhob und jubilierend seine Erleuchtung verkündete. Und die war wirklich revolutionär.

Jeder Mensch sollte das Potenzial zur Befreiung von allem Leid bereits in sich tragen. Sogar Buddha-Natur, den höchsten Zustand an Glück und Erleuchtung, sollte jeder längst sein eigen nennen. Siddharta zog kreuz und quer durch die Lande und begeisterte mit seinen Reden die Massen, die eigene buddhistische Gemeinschaften und heilige Mönchsorden gründeten.

Siddharta selbst war allerdings alles andere als ein Heiliger. Immerhin hatte er damals ja auch Frau und Kind verlassen, um sich auf Sinnsuche zu begeben. Von etwaigen Unterhaltszahlungen und geregelten Besuchszeiten steht nichts geschrieben. Siddharta gestand sich seine eigenen Fehler aber immer auch ein. Er stellte sich niemals über andere und bezeichnete sich selbst schon gar nicht als „heilig". Im Gegenteil. Verdankte er seine Inspiration ja auch dem jugendlichen Leichtsinn und der Tatsache, so gut wie kein Fettnäpfchen ausgelassen zu haben.

Buddha war ein Rock'n'Roller. Und hat etwas aus sich gemacht. Buddha war ein Held.

Cover-Nummer

Buddhas revolutionäre Sprechreime fanden freilich kaum Zuspruch beim damaligen Establishment. Wo kämen wir denn hin, wenn jeder Mensch bereits die Erleuchtung in sich trüge? Selbst Frauen wären dann den Männern gleichgestellt – na so weit kommt's noch!

Und wie bei vielen anderen Religionen, die etwas auf sich halten, liefen Buddhas Texte durch die Zensur strenger Moralapostel und sind heutzutage leider oft nur in seichteren Versionen erhältlich.

Jeder veränderte die Lehren, wie er es gerade brauchte. Im Namen Buddhas wurden im Laufe der Geschichte genauso viele Machtspiele angezettelt wie in jeder anderen Religion auch. Manche buddhistischen Gemeinschaften strotzen auch nur so vor Hierarchien.

Nur einige wenige buddhistische Glaubensgemeinschaften – wie die in tiefster Liebe und Weisheit agierende Soka-Gakkei – beziehen sich noch auf die ursprünglichen Inhalte der Lehre Buddhas. Und fordern zur mutigen Konfrontation mit eigener Fehlbarkeit und den Herausforderungen des Lebens auf. Zur Entfaltung der innersten Buddha-Natur.

Gelebter Buddhismus ist alles andere als ein rosarotes New-Age-Ticket zur Glückseligkeit. Doch wer interessiert sich heute schon für den Inhalt? Es lebe der Lifestyle-Buddhismus! Es ist heutzutage einfach schick und modern, bekennender Buddhist zu sein.

Da gibt es coole Seminare, kurzweilige Kalendersprüche und heimelige Wohn-Accessoires. Als moderner Lifestyle-Buddhist lebt es sich zudem auch ganz gut in der Aura einer faszinierenden Persönlichkeit – weit erhaben über das kleinkarierte Weltbild heimatlicher Religionsgemeinschaften.

Auch der bunte Esoterik-Jahrmarkt bedient sich gerne der buddhistischen Werbewirksamkeit. Wo Buddha draufsteht, ist Buddha drin. Und das Ende aller Sorgen sowieso.

Mutter Teresa, Rosenverkäufer und andere Helden

Zum Glück gibt es auch immer mehr Menschen, die spirituelle Werte leben, ohne sich auf pseudointellektuelle Esoterik und lebensverneinende Lust-feindlichkeit stützen zu müssen. Große Geister, helle Köpfe, mutige Kämp-fer, kesse Bräute, coole Typen und starke Frauen. Echte Helden eben.

Manche stehen mitten im Rampenlicht. Frauen und Männer, die sich im selbstlosen Einsatz für ihre Mitmenschen auszeichnen und die Welt zumin-dest einmal pro Woche retten. Andere genießen vielleicht gerade nur die Leichtigkeit eines heldenhaften Daseins, inspirieren ihre Mitmenschen mit einer unglaublichen Ausstrahlung und haben mehr Kohle und Sex als andere.

Die meisten jedoch agieren im Untergrund. Plagen sich mit gemeinen Sei-tenhieben des Schicksals herum, verdienen einen Hungerlohn mit unspek-takulären Jobs und stehen noch dazu so gut wie nie im Scheinwerferlicht kollektiver Bewunderung. Doch das strahlende Leuchten in ihren Augen verrät sie immer.

Manchmal beschenken sie einen mit einem unerwartet freundlichen Lächeln, oft mit Güte und Herzlichkeit, fast immer mit einer unerschütter-lichen Lebensfreude.

Warum ist der Rosenverkäufer, der seine Familie in Pakistan zurücklassen musste, um betrunkenen Nachwuchs-Casanovas edles Blumenwerk zu ver-kaufen, eigentlich immer so gut drauf? Immerhin wird er wohl nie aus den Lifestyle-Gazetten lächeln, und von den kichernden Blondinen am Neben-tisch wird er nicht einmal ignoriert.

Woher nimmt sich die allein erziehende Mutter von drei Kindern eigentlich das Recht, so begeistert von kühnen Zukunftsplänen zu erzählen? Sie weiß ja nicht einmal, wie sie die nächste Miete bezahlen kann, deshalb soll sie sich gefälligst mit ihrem Job an der Supermarktkassa zufrieden geben.

Warum, verdammt noch mal, lächeln uns wildfremde Leute im frühmorgendlichen U-Bahn-Supergau einfach so zu? Wissen die denn gar nichts vom Kampf um Ansehen und Karriere? Nicht einmal die neuesten „must have"-Trends kennen die!

Und trotzdem haben solche Menschen viel mehr. Mehr Lebensfreude, mehr Freiheit und viel mehr Kraft.

Schlechte Karten

Die Welt scheint im Moment allerdings gerade unterzugehen. Das Schmelzen der Polkappen und andere Schreckensszenarien aus den Nachrichten geben nicht gerade Grund zum Feiern. Stress, Gewalt und Hektik bestimmen den ganz normalen Wahnsinn des Alltags – von der beschaulichen Ruhe eines buddhistischen Klosters sind wir weit entfernt.

Jagden nach wilden Drachen, Beziehungsdramen mit Prinzen und Prinzessinnen und edle Schlachten ums nackte Überleben sind heutzutage auch eher dünn gesät. Die einzige Schlacht gilt es momentan nur gegen gehässige Bürokollegen und unschöne Problemzonen zu führen.

Wahrscheinlich wurdest du auch nicht gerade in edles Geschlecht geboren, von einer Göttin gestillt oder beim letzten Superstar-Vorsingen entdeckt. Deine Familie verdient ihr Geld vielleicht sogar noch mit richtiger Arbeit, um die Kreditraten für die eigene Wohnung pünktlich bezahlen zu können. Deine Mutter musste schon bald auf Fertignahrung umstellen, um ihren schlecht bezahlten Job behalten zu dürfen. Und anstatt dich aus dem Ghetto kämpfen zu müssen, hast du dich vielleicht nur mit der Scheidung deiner Eltern und den gemeinen Erniedrigungen auf dem Schulhof herumgeschlagen. Um auch noch hilflos dabei zuzusehen, wie deine kindlichen, leuchtenden Träume an einer erwachsen-düsteren Realität zerbrechen.

Die neuen Helden sehen anders aus

Beste Voraussetzungen also. Als Spross von edlem Stamm, Schlachten-Bummler, Singstar, Promi-Luder und Ghetto-Gangster wurde man noch nie zum Helden. Und wenn die Klostersuppe pünktlich auf dem Tisch steht, ist es bis zur Sinnsuche auch nicht mehr weit.

Helden aber haben sich schon immer dadurch ausgezeichnet, dass sie eigentlich überhaupt niemand Besonderer waren und einem trostlosen Schicksal scheinbar machtlos gegenüberstanden. Und trotzdem etwas aus sich gemacht haben. Früher vielleicht noch in märchenhaften Abenteuern, aufregenden Geschichten und anderen Heldensagen. Heutzutage hat man aber ganz andere Sorgen. Hinter der heilen Welt unbegrenzter Möglichkeiten lauern die finsteren Drachen der Fremdbestimmung, der immerwährenden Beschleunigung und Selbstaufgabe. Frieden, Lebensfreude oder gar Spiritualität bleiben höchstens ein frommer Wunsch.

Der Grat ist schmal – heute noch am Abgrund, morgen vielleicht schon einen Schritt weiter. Noch nie zuvor lagen Überfluss und Armut, Freiheit und Einsamkeit, Selbstverwirklichung und Sprachlosigkeit, Gewalt und Hilflosigkeit so nahe beieinander.

Zum Glück finden sich immer mehr Menschen, die sich mutig erheben. Eine ganze Generation denkt um. Die Tage der Fremdbestimmung, von „Null Bock" und „Fuck you!", Lethargie, Esoterik-Tristesse und inhaltsloser Beschäftigungstherapie, sind gezählt. Jetzt reicht es – jetzt beginnt die Zeit der neuen Helden, Baby!

Und du bist dabei!

Die neuen Helden sehen anders aus: Frauen und Männer, Heteros und Homos, Reiche und Arme, Große und Kleine, Dicke und Dünne, Rocker und Rapper, Banker und Punks. Menschen aus allen Himmelsrichtungen nehmen die Sache selbst in die Hand und lassen sich auf das größte Abenteuer ihres Lebens ein: die Verbindung zu ursprünglicher Weisheit und die Verwirklichung des vollen menschlichen Potenzials. Für ein aufregendes Über-Leben zwischen Spiritualität und Lebensfreude – mitten im Großstadtdschungel.

Die Arena ist der Alltag. Ihre stärkste Waffe ist ihr Bewusstsein. Um im besten Fall vielleicht einmal zu bekommen: Glück, Liebe, Freiheit, Frieden, Sex und Moneten.

Und im schlimmsten Fall zumindest erhobenen Hauptes zu scheitern. Um zu lernen und in neuer Größe wieder aufzustehen. Auf die neuen Helden kommt es in Zukunft an. Sie werden die ganze Welt rocken. Und den Lauf der Sterne erschüttern.

Willkommen in der Matrix

Wie du dir den besten Platz im flotten Dreier deines Lebens sicherst und den Schlüssel zum Universum findest

Der Weg der neuen Helden verlangt großen Mut. Und Mut kann man nicht kaufen. Einen Fernseher schon.

Stell dir vor, du sitzt gerade vor der Glotze und siehst dir einen unheimlich spannenden Film an. Die Dinge überschlagen sich: Abenteuer, wilde Verfolgungsjagden und heitere Beziehungsdramen. Du gehst voll mit. Fast schon hast du das Gefühl, das Ganze wirklich zu erleben. Doch eine wichtige Werbeunterbrechung holt dich unbarmherzig wieder in die Realität zurück: Es ist nicht dein Leben, das da über den Bildschirm flackert.

Die Welt ist eben kein Blockbuster und dein Alltag alles andere als spannend. Aber was ist deine Welt eigentlich? Die Welt gibt es in Wirklichkeit vielleicht gar nicht.

Oder zumindest nicht so, wie du dir das vorgestellt hast. Schnall dich an!

Wirklich wirklich ist nur die Illusion

„Aber das neue Auto, meine praktische Baumwollunterhose, die vielen Menschen und Häuser vor dem Fenster – ich kann doch alles mit meinen eigenen Augen sehen", meinst du. Kannst du nicht. Du kannst mit deinen Augen gar nichts sehen. Du siehst höchstens irgendein verzerrtes Bild davon, das in deinem Gehirn entsteht. Frag deinen Augenarzt. Das Auge, im speziellen die Netzhaut, ist für das Umwandeln des Lichtes in einen elektrischen Impuls zuständig. Dieser elektrische Impuls wird zum Sehzentrum deines Gehirns weitergeleitet und lässt dort ein Bild entstehen. Ein Bild deines Autos, deiner Wohnung oder des abgehalfterten Crack-Dealers an der Ecke.

Du siehst die Dinge also erst mitten in deinem Gehirn. Würdest du dein Gehirn öffnen, wovon ich dringend abrate, könntest du nicht einmal dort irgendetwas anderes als einen biologischen Eintopf aus Blut, ekeligem Schleim und glitschiger Biomasse finden. Schon gar keine Baumwollunterhosen.

Das gleiche psychotische Denkspielchen können wir jetzt genauso gut mit diesem Buch spielen. Das Licht von irgendetwas erhellt dein Sehzentrum und manifestiert sich als Elektrosmog eines Buches im Gehirn. Das Buch befindet sich also in Wirklichkeit vielleicht gar nicht vor dir, sondern entsteht im hinteren Teil deiner Melone. „Aber ich kann das Buch doch auch fühlen. Ich spüre die aufwändige Produktion des edlen Schriftwerkes in meinen Händen." Aber auch das ist eigentlich nur elektronischer Jux und Tollerei. Die Nerven deiner Fingerspitzen schicken elektrische Ladungen zum Tastsinn deines Gehirns. Die tatsächlichen Empfindungen entstehen erst mitten in deinem Kopf.

Wir könnten diesen Gedanken jetzt mit allen fünf Sinnen – hören, sehen, fühlen, riechen und schmecken – durchspielen. Aus gesundheitlichen Gründen muss ich aber vom Verzehr des Buches abraten. Wie kannst du nur behaupten, dass überhaupt irgendetwas außerhalb deines Kürbisses existiert! Die originellen Klingeltöne deines Handys, die Hundescheiße an deinen Schuhen, die Sterne, die Sonne und der Mond – die ganze Welt existiert in Wirklichkeit vielleicht gar nicht. Die Welt, wie du sie sehen kannst, wäre dann eigentlich nur ein fiktiver Abklatsch einer unbekannten Wirklichkeit.

In der Geschichte der Menschheit gab es immer wieder Hinweise auf dieses Scheinbare der Welt. Die Inder bezeichneten die Welt der Täuschung, als „Maja", die alten Ägypter als „Schleier der Isis" und Platon versuchte in seinem Höhlengleichnis darauf hinzuweisen, dass alles, was wir sehen, eigentlich nur Schatten der Wirklichkeit sind.

Das muss dich jetzt nicht beunruhigen. Natürlich kannst du beschauliche Tage und wilde Nächte weiterhin in vollen Zügen genießen. Du solltest auch weiterhin bei Rot stehen bleiben, herabfallenden Blumentöpfen ausweichen und übel riechenden Trunkenbolden aus dem Weg gehen. Aber nimm die Sache ab jetzt ruhig persönlicher.

Gönn dir eine neue Haut

Wenn alles, was wir wahrnehmen können, nur eine billige Kopie der Wirklichkeit ist, sind dann nicht auch unser eigener Körper und die schicke Frisur nur eine seichte Interpretation elektronischer Turbulenzen? Die Welt ist so, wie *du* sie siehst. Das eröffnet völlig neue Perspektiven.

Komplizierte wissenschaftliche Untersuchungen und Berechnungen haben längst bewiesen, dass sich der menschliche Körper ständig erneuert und verändert. Noch dazu in atemberaubender Geschwindigkeit. Mit jedem Atemzug atmen wir 10 hoch 22 Atome ein. Diese riesige Zahl – immerhin eine Ziffer mit 22 Nullen – ist verantwortlich für die Bildung unserer Muskeln, Knochen, Organe, Haut und Haare. Allerdings verlässt uns die gleiche Anzahl an Atomen beim Ausatmen wieder, um schon bald von jemanden anderen eingeatmet zu werden.

Ob wir wollen oder nicht – wir tauschen uns munter durch das atomare Rohmaterial des Universums. Monatlich gibt's dann eine neue Haut, alle drei Monate ein funkelnagelneues Skelett und alle sechs Wochen eine neue Leber.

Der Körper, den du am Morgen aus dem Bett quälst, ist also ein ganz anderer als der, den du abends müde in die Federn schwingst. In deinem Körper schwirren mit hoher Wahrscheinlichkeit auch gerade Atome herum, die früher einmal Eigentum von Madonna, Johanna von Orléans und James Brown waren.

Dein Wille geschehe

Für die moderne Physik ist Materie sowieso nur noch ein antiquierter Begriff. Immerhin stellte man fest, dass 99,99999 Prozent des Universums eigentlich bloß aus leerem Raum bestehen. Und selbst die übrigen 0,00001 Prozent, die uns als Atome munter ins mikroskopische Auge hüpfen, bestehen eigentlich nur aus irgendwelchen nichtmateriellen Teilchen und einer großen Leere.

Das Universum ist dann eigentlich nur ein leeres Loft. Eine klare Suppe aus Energie, Fluktuationen und Turbulenzen. Gut gewürzt mit eigenen Gefühlen, Ideen und Leidenschaften. Das bringt endlich Stimmung in die Sache.

Jetzt kannst du dich entscheiden: Entweder du treibst weiterhin willenlos durch diese Suppe elektromagnetischen Schleims. Dämmerst im künstlichen Tiefschlaf eines fremdbestimmten Lebens dahin und jammerst über dein ungerechtes Schicksal. Erfüllst brav und anständig die Ansprüche anderer, hetzt von einem dringenden Termin zum nächsten und hoffst später auf ein gelb-grünes Heizkissen beim seltenen Besuch deiner Enkelkinder.

Oder du erwachst aus dem Dämmerdasein eines fremdbestimmten Lebens und wirst zum Helden. Erkennst die Illusion der eigenen Wirklichkeit als Spielwiese unbegrenzter Möglichkeiten und nimmst die Sache selbst in die Hand. Übernimmst die volle Verantwortung für ein aufregendes Leben, erfüllst dir deine geheimsten Träume und freust dich jetzt schon auf die spannenden Geschichten, die du deinen Enkelkindern später einmal erzählen kannst. Dann sprengst du die Fesseln und bist frei. Dann kannst du sagen, was du willst, tun, was du sagst, und sein, wer du bist.

Ansichtssache

Zuerst einmal solltest du dir aber einen besseren Überblick verschaffen. Das ist nicht ganz so leicht.

Wir sind es gewohnt, uns munter durch die Welt zu forschen und alle Erkenntnisse gierig in uns einzusaugen. Wir wissen heutzutage auch viel mehr als jede Generation vor uns. Immerhin sind die Menschen in den letzten Jahrhunderten sehr geschickt darin gewesen, der Welt auch die letzten

Geheimnisse zu entlocken. Niemand kann heute mehr alles wissen. Aber man will es zumindest versuchen.

Im weißen Mantel der Wissenschaft wird dann alles analysiert und geordnet. Schnell sind allgemeine Überbegriffe definiert und alle Erscheinungen penibel zugeordnet. So entstanden die Biologie, die Soziologie, die Psychologie und wird vielleicht einmal die Discologie entstehen – die Wissenschaft vom richtigen Groove.

Erstaunlich ist nur, wie wenig glücklich man dabei immer noch ist. Hochgebildete Menschen zählen gleichzeitig oft auch zu den Unglücklichsten. Einfachere Gemüter haben da leicht lachen – Frohnaturen und lebenserfahrene Menschen ohne Abitur, die mit ihren Weisheiten und Gleichnissen nur ein mitleidvolles Lächeln in ein gebildetes Antlitz zaubern.

Dabei ist alles eigentlich nur Ansichtssache.

Übung: Andersrum

Wenn du halbwegs fit bist, lehne dich bitte in einem Kopfstand gegen die nächste Wand. Das Zimmer und alle Einrichtungsgegenstände erscheinen dann wahrscheinlich verkehrt herum. Die Welt ist buchstäblich auf den Kopf gestellt.

Nachdem du die Übung gazellengleich beendet hast, ist alles wieder in bester Ordnung – nicht? Wenn du nur lange genug im Kopfstand bleiben würdest – so ungefähr drei Wochen lang –, würde sich auch deine Sichtweise grundlegend verändert haben. Die ganze Welt erschiene dir dann auf den Kopf gestellt.

Und wie ist es jetzt wirklich? Schwer zu sagen. Mit gewohnter Sichtweise können wir die Wirklichkeit niemals ganz wahrnehmen. Wir können höchstens einige Bruchstücke erkennen und uns dann auf verallgemeinerte Ansichten einigen. Um diese schon bald durch neue wissenschaftliche Theorien zu ersetzen.

Alles im Lot

In nahezu allen Hochkulturen vergangener Zeiten fanden sich gewitzte Freaks, die über langjährige Beobachtung von Vorgängen in der Natur nach universellen Gesetzmäßigkeiten forschten. Spezialisten waren damals weniger gefragt. Man suchte vielmehr nach allgemein gültigen Prinzipien. Nach einer GPS-Navigation, die einen sicher durch das Chaos des Lebens leitet.

Hermes Trismegistos war nicht etwa der Geschäftsführer einer griechischen Imbissbude, sondern gilt als der Urvater abendländischer Weisheitslehren. Dieser „dreimal großer Hermes", dessen Lebensgeschichte sich im Ägypten längst vergangener Tage verläuft, schrieb in fünfzehn Thesen die Essenz allen Wissens auf edle Tafeln nieder. Die Kernaussage der hermetischen Philosophie lautet „wie oben – so unten" und liefert uns den Schlüssel zum Universum frei Haus.

Wenn „oben" gleich „unten" ist, dann könnten wir die Gesetzmäßigkeiten des ganzen Universums „da oben" ja durchaus auch in den kleinen Dingen „da unten" erkennen. Dann würden wir in unserer Baumwollunterhose ja tatsächlich auch gleich die ganze Welt erkennen. Und so viel sollte es dir schon wert sein.

Jede ordentliche Matrix hat zumindest zwei Koordinaten. In unserem Fall: Die waagrechte Koordinate ermöglicht das Erkennen von Zusammenhängen in homogenen Wissensgebieten – der Physik, Biologie und in Geografie zum Beispiel. Die senkrechte Koordinate ermöglicht das Erkennen von Gleichzeitigkeiten und Zusammenhängen, die nach wissenschaftlichem Verständnis in gar keinem Zusammenhang stehen dürften.

Dabei wechselt man vom kausalen „Weil"-Denken zum synchronen „Immer wenn – dann"-Denken. Keine Sorge: Synchrones Denken wirkt nur am Anfang etwas befremdend. Später wird es deinen Horizont erweitern.

Außerdem vertraust du in manchen Bereichen sowieso längst darauf. Oder glaubst du etwa, dass deine TV-Lieblingsserie nur deshalb um 18:00 Uhr beginnen kann, „weil" die Zeiger deiner Armbanduhr in einer senkrechten Linie stehen? Deine Uhr beeinflusst den Beginn der Fernsehsendungen also gar nicht. Vielmehr laufen die Dinge gleichzeitig ab – geradezu synchron.

„Immer wenn" die Zeiger in einer Linie stehen, „dann" beginnt die Serie. Und du kannst dich darauf verlassen, nichts zu versäumen.

Systeme der synchronen Zuordnungen gibt es viele. So wie du deine Zeit nach dem Ziffernblatt deiner Uhr einzuteilen gelernt hast, konnten Eingeweihte alter Zeiten die Ordnung des Universums in allem Möglichen erkennen.

Die Bewegung der Sterne und das Lesen im Kaffee-Sud sind demnach nicht minder präzise wie eine Rolex – wenn man sie auch lesen kann. Leider können das heutzutage sehr wenige Menschen. Die Horoskoptanten aus der Tageszeitung gehören wahrscheinlich nicht dazu.

Peking-Ente

Mit einfacheren Methoden tut man sich aber viel leichter. Im alten China etwa verließen sich Kaiser und Gelehrte auf ein Zusammenwirken von nur zwei gegensätzlichen Kräften.

Die eine, die ausdehnende Kraft, nannten sie Yin. Die andere, die zusammenziehende Kraft, Yang. Yin und Yang vereinigten sich harmonisch im Symbol des Tao – dem Universum.

Der Taoismus war geboren – und wer ihn verstand, war ein Kaiser.

Die Geschwister Yin und Yang leiteten China auf dem Weg zur Hochkultur und schmücken heutzutage so manchen tätowierten Oberarm und Massagesalon.

Vielleicht sollte ich hier noch Lao Tse erwähnen, einen chinesischen Gelehrten, der die taoistischen Prinzipien in hintergründige Verse verpackte. Die geistreichen Gleichnisse und Parabeln sind heutzutage aber nur mehr schwer verständlich. Für pubertierende Stadtkinder müssen sie wohl wie die verworrenen Sprüche eines kiffenden Dope-Bruders klingen. Man muss dafür auch gar nicht nach China reisen. Auch unsere abendländische Kultur strotzt nur so vor polarer Weisheit.

Vielleicht wird es dir jetzt aber zu trivial. Deine Welt ist ja viel komplizierter und die Einschränkung auf nur zwei grundlegende Kräfte widerspricht deiner Vielschichtigkeit. Aber die Essenz hinter den hunderttausend Dingen ist immer trivial. Und schafft gleichzeitig die unendliche Vielfalt. Das führt dir sogar dein Computer täglich vor.

Digitales Nirwana

Dein Laptop kann doch alles: Unglaubliche Mengen an Daten verarbeiten, jede beliebige Information aus dem Internet zaubern und so ganz nebenbei auch noch spannende Filme abspielen. Dabei ist das Prinzip dahinter einfach. Die Blechbüchse kann im Grunde gerade einmal zwei grundlegende Zustände unterscheiden: Entweder Strom fließt, oder er fließt nicht. Dabei reagiert der Computer auch noch zickig. Bei voller Ladung würde er auf der Stelle explodieren. Zurück bliebe ein Häufchen verbranntes Elend. Bekommt unser Kumpel überhaupt keinen Saft, verabschiedet er sich im digitalen Nirwana eines Totalabsturzes. Nichts geht mehr – da hilft auch keine noch so akrobatische Tastenkombination.

Zum Glück können die Programmierer immer besser mit diesen verhaltensauffälligen Maschinen umgehen. In mystischen Codes werden dabei die entsprechenden Befehle erteilt. Diese bestehen allerdings im Grunde auch aus nichts anderem als aus einer Kombination von Nullen und Einsern. Null bedeutet gar kein Strom. Eins heißt: Strom marsch. Auch wenn sich diese Vorgänge jede Sekunde millionenfach wiederholen, bleiben am Ende nur Nullen und Einser über. Aus 0001011101 und 0111010111 entstehen dann frequentierte Single-Börsen, Poker-Casinos und virtuelle Welten, in denen es sich ganz gut leben lässt.

Buddha & Rock'n'Roll

Zum Glück ist aber auch die Welt vor den Bildschirmen dem Gesetz der Polarität unterworfen. Das vereinfacht die Orientierung. Erst recht, wenn man damit umgehen kann. Schließlich werden der Rasierapparat und der Fön, mit denen du dich heute früh schön gemacht hast, auch nur von zwei Polen angetrieben – dem positiven und dem negativen Pol der Elektrizität.

Die Prinzipien kann man nennen, wie man will. Computerfreaks kennen sie als Nullen und Einser, die Chinesen bezeichneten sie einst als Yin und Yang. Ich nenne sie heute lieber Buddha und Rock'n'Roll. Erstens ist die Bezeichnung nebensächlich, und zweitens kann ich mir darunter gleich viel mehr vorstellen. Oder würdest du einen beschaulichen Sonntag lieber als „echt Yin" bezeichnen und deinen Freunden die Eskapaden einer wilden Nacht als „voll Yang" beschreiben?

Ich meine mit „Buddha" selbstverständlich nicht den indischen Revoluzzer aus königlichem Hause. Schon gar nicht irgendeine Religionsgemeinschaft. Mit „Rock'n'Roll" bezeichne ich aber auch nicht unbedingt die Musik der 60er-Jahre. Ich verwende die Begriffe vielmehr als Bezeichnung für die beiden ursprünglichen Urkräfte. „Buddha" hat für mich immer etwas an Ruhe, Einsicht und Entspannung. Mit „Rock'n'Roll" kann man sich das ungebändigte Wilde, Unvernünftige und Dynamische viel besser vorstellen. Die „Buddha"-Kraft hat dabei immer eine ausdehnende und beruhigende Wirkung, während „Rock'n'Roll" die zusammenziehende und antreibende Kraft bestimmt.

Im polaren Weltbild ist das ganze Universum enthalten. Die Sterne, dein I-Pod und sogar deine Schwiegermutter sind dann also der Willkür zweier Kräfte – Buddha und „Rock'n'Roll" – unterworfen. Wenn du diese beiden Kräfte beherrschen lernst, hast du den Schlüssel zur Freiheit in der Hand. Und alles wird gut.

Hinter den Kulissen

Die beiden Kräfte „Buddha" und „Rock'n'Roll" manifestieren sich in einer anfangs unüberblickbaren Vielfalt. Hat man die Prinzipien allerdings erst einmal beherzt, erscheinen die Zusammenhänge völlig logisch. Dann kann man sich leicht zurechtfinden und der Spaß kann beginnen. Die untenstehende Tabelle soll dir ein erstes Gefühl dafür vermitteln.

Meine Einteilung ist aber völlig subjektiv. Du kannst die Zuordnungen daher auch jederzeit ändern und sie auch gerne erweitern. Beachte aber dabei, dass die lotrechte Tendenz stimmig bleibt und du jedem einzelnen Begriff auch sein jeweiliges Gegenteil gegenüberstellst.

Wanted: Buddha & Rock 'n' Roll

BEREICH	BUDDHA	ROCK 'N' ROLL
Allgemeine Merkmale		
Manifestation:	Materie	Energie
Kraft:	Zentripetalkraft	Zentrifugalkraft
Wirkung:	Verdichtung	Ausdehnung
Richtung:	abwärts	aufwärts
Geografie:	Erde	Himmel
Beleuchtung:	Dunkelheit	Licht
Zeit:	Nacht	Tag
Temperatur:	Kälte	Hitze
Jahreszeit:	Winter	Sommer
Alter:	älter	jünger
Verhalten:	passiv	aktiv
Geschlecht:	weiblich	männlich
Härte:	weich	hart
Dynamik:	Ruhe	Bewegung
Geschwindigkeit:	langsam	schnell
Bereich:	innen	außen
Bewegung:	Beständigkeit	Dynamik
Sättigung:	Leere	Fülle

Körper und Geist

Seite:	Vorderseite	Rückseite
Bereich:	Unterkörper	Oberkörper
Gliedmaßen:	Beine	Arme
Spannung:	Entspannung	Anspannung
Atem:	Ausatmen	Einatmen
Dynamik:	Erholung	Bewegung
Wahrnehmung:	Intuition	Intellekt
Stimmung:	besinnlich	begeistert
Charakter:	introvertiert	extrovertiert
Tendenz:	geerdet	verspielt

Andere „wichtige" Beispiele

Prominenter:	Mutter Teresa	Iggy Pop
Drink:	Kamillentee	Espresso
Clubbereich:	Chill Zone	Dancefloor
Musik:	Lounge, Dub	House, Rock
Fitness:	Yoga, Tai Chi, Nordic Walking	Kampfsport, Dance, Le Parkour
Liebesspiel:	kuscheln	wilde Nummer
Tanz:	Foxtrott, Schmuse-Schleicher	Salsa, Hip Hop
Freude:	Inneres Lächeln	Luftsprung
Zoff:	Schmollen, Gesprächstherapie	Fight Club, Rosenkrieg
Auto:	Family-Van, Coupé	Sportflitzer, Offroad-Car
Outfit:	Business, sportiv	Leisure, Grunge, Glamour
Gegend:	Gaspoldshofen, ländlich	South Miami Beach, urban
TV:	Arte	MTV

Die Beispiele werden dir ein erstes Gefühl für die beiden grundlegenden Urkräfte vermitteln. Du kannst dieses Prinzip dann in allen anderen Bereichen des Lebens anwenden. Buddha und Rock 'n' Roll sind dabei aber nichts Starres. Sie unterliegen vielmehr einer ständigen Veränderung und Dynamik. Aber auch die folgen immer bestimmten Mustern.

Alle für einen

Irgendwie kommt dir das sicher bekannt vor. Immerhin ist auch unser modernes abendländisches Denken von einer grundsätzlichen Gegensätzlichkeit geprägt. Es regiert die Dualität. Da gibt es gut und böse, Tag und Nacht, Krieg und Frieden, Gott und den Teufel. Die Grenzen sind schnell gezogen und werden mit strengem Auge überwacht. Bewusstsein/Unterbewusstsein, Körper/Geist, was böse ist, kann nicht gut sein, fleischliche Lust steht Spiritualität im Wege, und entweder ist man jetzt heilig oder eben sündhaft.

Da muss man sich entscheiden. Entweder man verlebt als introvertierter Yogi besinnlich-enthaltsame Tage in Gaspoldshofen. Oder man feiert sich als Salsa tanzender Lebemensch durch die Clubs und Betten von Miami Beach. „Buddha" oder Rock 'n' Roll – das ist hier die Frage.

Um die Polarität aber wirklich zu verstehen, muss man sich vom gewohnten dualistischen Weltbild verabschieden. Die Polarität besteht immer aus beiden Polen gleichzeitig. Der eine Pol beinhaltet den anderen und kann ohne ihn gar nicht existieren. Auch im Bösen steckt dann immer etwas Gutes – und in jeder Hölle auch schon ein Teil des Himmels. Als lebensfroher Yoga-Lehrer lassen sich sogar die Tanzflächen in Gaspoldshofen ordentlich rocken. Und eine wilde Nummer hat auch schon oft zum spirituellen Durchblick beigetragen.

Das klingt jetzt vielleicht ein wenig weit hergeholt. Und auf die hundert Jahre dauernden Beobachtungen von Vorgängen in der Natur hast du auch keinen Bock. Die Natur ist noch dazu auch schlecht mit der U-Bahn erreichbar. Du kannst die Polarität aber trotzdem jederzeit leicht erfahren – auch in der U-Bahn. Zumindest solange du noch atmest. Dann kannst du sogar echte Spiritualität erleben.

Nicht umsonst ist „Atem" die Übersetzung des lateinischen Wortes „Spiritus" und wird dort auch gleichzeitig für „Geist" und „Seele" verwendet. Seit du als Baby deinen ersten Tarzanschrei ausgestoßen hast, atmest du in regelmäßigen Abständen ein und aus. Der Pol des Ein- und des Ausatmens sind dabei völlig gleichwertig. Du würdest sie niemals bewerten. Und du würdest schon gar nicht auf die Idee kommen, dich nur für einen Atem-Pol zu entscheiden und den anderen zu ignorieren.

Solltest du trotzdem zweifeln, bitte ich dich, folgende Übung zu machen.

Übung: Der Polarität entfliehen

Entscheide dich bitte jetzt bei deiner Atmung für ausschließlich einen Pol und blende den anderen Pol einfach aus. Du kannst dich zum Beispiel dazu entschließen, die nächste Minute nur noch auszuatmen und auf das Einatmen zu verzichten.

Und wenn du dich noch so am Boden gewunden hast, irgendwann wirst du mit Sicherheit wieder einatmen.

Viele Menschen winden sich im täglichen Leben genauso jämmerlich herum. Halten mit schmerzverzerrtem Gesicht an ihrem Glauben fest, die Wirklichkeit durch stures Beharren auf nur einen bestimmten Teil der Wirklichkeit austricksen zu können. Manche sind heiliger als der Papst, andere schlimmer als George Bush. Und unglücklich sind sie meist noch dazu.

Und dabei sind sie selbst schuld. Denn entkommen kann man der Matrix nicht. Hat man sie allerdings erst einmal erkannt, kann man sich darin frei bewegen. Dann kann man sagen, was man will, tun, was man sagt, und sein, wer man will.

Paarungszeit

So wie das Einatmen vom Ausatmen abhängt, hängen alle Dinge dieser Welt von Ihrem Gegenpol ab. Das eine kann ohne das andere gar nicht existieren.

Betrachte doch nur einmal das Wechselbild. Was siehst du? Eine Vase? Zwei Gesichter? Nimmt man eine Form weg, verschwindet auch die andere: Nimmt man die Vase weg, so verschwinden auf der übrig bleibenden schwarzen Fläche auch die beiden Gesichter. Nimmt man das Gesicht weg, kann man im durchgehenden Weiß keine Vase mehr erkennen. Wie auf der Abbildung, können wir immer nur eine Seite sehen, obwohl ständig beide vorhanden sind.

Viele Menschen sehen immer nur eine Seite. Tragen die schwere Last fremdbestimmter Verantwortung, streben verkrampft nach Selbstverbesserung und vermeiden dabei jegliche Lebensfreude und Lustschlemmerei. Andere dröhnen sich im Rock'n'Roll-Exzess zu und verlieren sich irgendwann im sinnlosen Streben nach noch mehr Ablenkung und Zerstreuung.

Deshalb solltest du jetzt endlich vom „Entweder oder"-Spießer zum viel cooleren „Sowohl als auch"-Freigeist wechseln. Dann kannst du dich sowohl spirituell weiterentwickeln als auch dein Leben in vollen Zügen genießen. Kannst ernsthaft meditieren und danach ordentlich abtanzen. Außerdem ist die ganze Welt dann sexy. Immerhin stehen alle gegensätzlichen Pole in einer erotischen Beziehung zueinander. Ob die nun Himmel und Erde, A-Hörnchen und B-Hörnchen oder Mann und Frau heißen. Buddha und Rock'n'Roll sind ein altes Liebespaar.

Hat man das erst einmal erkannt, wird Gleichberechtigung zur Selbstverständlichkeit. Der Kampf zwischen den Geschlechtern geht nämlich meist mit einem Kampf gegen die Sexualität einher. Das haben wir noch den klein denkenden Theologen des frühen Christentums zu verdanken. Dort galt Sex als erniedrigend, unrein und abstoßend. Das schafft auch heute noch viele Probleme. Doch: Das Universum ist Sex!

Medaillenspiegel

Buddha und Rock'n'Roll manifestieren sich immer in der gleichen Intensität. Es gibt keine Vorderseite ohne die entsprechende Rückseite. Das heißt: Je mehr Buddha, umso mehr Rock'n'Roll.

Wenn du tief ausatmest, wirst du anschließend mit Sicherheit tiefer einatmen müssen. Das ist nicht weiter schlimm. Wer aber glaubt, immer nur eine Seite der Medaille haben zu können, wird irgendwann zur Kassa gebeten. Und das kann verdammt teuer werden.

Unglück birgt andererseits irgendwo auch eine Chance zur Weiterentwicklung in sich – man kann sie manchmal nur schwer erkennen.

Wer bremst, verliert!

Die beiden Pole Buddha und Rock'n'Roll sind aber nur relative Begriffe. Nichts ist ausschließlich Buddha – nicht einmal Buddha selbst. Nichts ist immer nur Rock'n'Roll – nicht einmal Iggy Pop.

Die Zuordnung spiegelt eher eine grundsätzliche Tendenz. Etwas kann mehr Buddha in Bezug auf etwas anderes sein. Im Vergleich zu Iggy Pop ist selbst die angesagteste Boyband ein buddhistischer Knabenchor.

Du solltest daher immer locker bleiben. Es gibt nichts wirklich Unveränderbares auf dieser Welt. „Alles fließt" beschrieb einst Heraklit die immerwährende Veränderung. Die Flüsse, die Berge, die Planeten und die Sonne stehen nicht eine einzige Sekunde still. Alles bewegt sich. Wir befinden uns mitten im Wirbelsturm. Und drücken ständig auf die Pausetaste.

Unser Gedächtnis klammert sich gerne an die Momentaufnahmen von Ereignissen. Diese Standbilder halten wir dann für die Wirklichkeit. Das vermittelt uns aber ein falsches Gefühl von Sicherheit – wir fühlen uns beschützt und glauben uns besser orientieren zu können. Patentrezepte sind auch gleich erstellt.

Das Universum macht keine Pause. Alles verändert sich – nichts ist doppelt. Starre Verhaltensregeln, steife Ansichten und Patentrezepte sind nichts anderes als der jämmerliche Versuch, die Einzigartigkeit des Augenblicks zu konservieren. Mit jeder fixierten Position, Meinung und Ansicht verhindern wir die lebensnotwendige Bewegung. Und berauben uns der Chance zur Weiterentwicklung.

Taktvoll

> „Seid auch heiß und kalt. Die ewig Lauwarmen speie ich aus."
> *Jesus von Nazareth, Buddha oder Iggy Pop*

Die einzelnen Veränderungen verlaufen dabei immer nach dem gleichen Muster: Alles, was irgendwann anfängt, bahnt sich seinen Weg zu seinem entgegengesetzten Ende. Einatmen/ausatmen, geboren werden/sterben, Überfluss/Armut, Sommer/Winter, High Life/Sperrstunde. Irgendwann wird jeder „Buddha" auch zum Rock'n'Roller – und umgekehrt.

Das ganze Leben ist Rhythmus – manchmal ist er schnell, manchmal ist er langsamer. Zerstört man den Rhythmus, zerstört man auch das Leben – wer sich weigert, wieder einmal auszuatmen, wird bald auch nicht mehr einatmen können.

Doch viele Menschen haben das Gefühl für den Rhythmus verloren. Veränderungen und Extreme werden genauso peinlichst vermieden wie ausgelassene Hüftschwünge bei der Firmenfeier. Und so verlebt man seine Tage im flachen Bereich seichter MP3-Qualität.

Immerhin ermahnen frustrierte Esoteriker und andere Langeweiler sowieso andauernd zum sanften „Weg der Mitte". „Mitte" hat aber auch immer etwas von „Mittelmäßigkeit". Das klingt nicht gerade verlockend. Nur wenn wir auch Mut zum Extrem beweisen, können wir unseren Horizont erweitern. Und das Leben in vollen Zügen genießen.

Außerdem kann man durch die bewusste Wahrnehmung des einen Pols den anderen erst richtig bewusst wahrnehmen. Nur wenn man vorher tief einatmet, wird man das anschließende tiefe Ausatmen besonders genießen. Nur wer auch Rock'n'Roll hat, kann zum Buddha werden.

Flotter Dreier

Die Einteilung der Wirklichkeit in zwei gegensätzliche Kräfte ist eigentlich ein Witz für Insider. Denn wenn alles auf der Welt einen Gegenpol hat, dann muss wohl auch die Polarität selbst einen haben. Hat sie ja auch.

Nenne es Ganzes, Universum, Tao, höchstes Sein, Einheit, oder schlicht die Matrix. Die Einheit ist dabei das Gegenteil der polaren Welt aus Buddha und Rock 'n' Roll. Und lässt sich anfangs nur schwer erkennen. Erst recht, wenn man die Polarität verneint. Weltflucht zählt nicht.

Viele Esoteriker versuchen trotzdem die Polarität vehement zu umgehen. Im lauwarmen Schleier weltfremder Spiritualität entziehen sie sich dann jeglicher Bewertung und Position. Die Einheit kann man so nie erkennen. Man muss schon voll reingehen in die Welt von Buddha und Rock 'n' Roll.

Wenn man auch Extreme auslotet, kann man seinen Horizont entscheidend erweitern und sie überhaupt erst so richtig erkennen, die Einheit. Und darin vielleicht sogar Erleuchtung finden. Zumindest aber Glück, Liebe und Frieden.

Dann hältst du den Schlüssel zum Universum in der Hand. Und bist immer glücklich. Oder wie Kant sagte: „Jeder ist glücklich. Ist er es nicht, so ist es seine eigene Schuld." Die Schuld liegt einzig darin, die universellen Prinzipien des Universums zu ignorieren. Und die sind eigentlich ganz einfach.

Gute Zeiten, schlechte Seiten

*Wie du endlich die Hauptrolle in der Verfilmung deines Lebens übernimmst,
jede Menge Fans gewinnst und nur noch gute Kritiker triffst*

Prinzenrolle

Haben wir erst einmal unsere Macht über die eigene Wirklichkeit erkannt,
sind die Rollen schnell verteilt. Dann kann man endlich als James Bond die
Welt retten, als Lara Croft wilde Abenteuer bestehen oder als Prinz und Prinzessin die Leichtigkeit eines sorglosen Lebens genießen. Wer will schon
Ganove, Flittchen oder gar Statist sein. Die Nebenrollen sollen ruhig die
anderen übernehmen.

Damit fangen die Probleme aber erst richtig an und wir hängen wieder
einmal fest in einer Welt der unüberwindbaren Gegensätze. Indem wir „Ich"
– der umjubelte Held oder die anbetungswürdige Heldin – sagen, grenzen
wir uns klar ab vom „Du" der Bösewichte, Langeweiler und schlecht bezahlten Komparsen. Und müssen uns ständig mit schwerwiegenden Entscheidungen herumplagen. Wer wir nun eigentlich sein wollen. Und an welchem
glänzenden Image es jetzt nun wieder zu feilen gilt.

Dabei wäre es manchmal auch ganz nett, auf die andere Seite zu wechseln. Auch einmal Ganove, Stänkerer und wilder Vamp sein zu dürfen. Die

haben sowieso immer die schöneren Frauen oder können Männer leicht um den Finger wickeln. Aber man kann anscheinend nicht alles haben.

Schattenspiele

Der Schatten steht für diese Bereiche deiner Persönlichkeit. Für all die Eigenschaften und Wünsche, die keinen Ausdruck finden, im Unbewussten schlummern oder vehement abgelehnt werden. In diesem dunklen Reich hausen die abscheulichsten Freaks – alle Eigenschaften, die wir nicht an uns haben wollen und die wir hassen. Unterdrückte Gefühle, heimliche Bedürfnisse und seelische Verletzungen nähren diese Ungeheuer. Und werden den Ungeheuern immer mehr Macht über uns geben. So lange, bis sie uns beherrschen.

Extrem verkrampfte Gesundheitsapostel werden plötzlich schwerkrank, spirituelle Moralapostel werden bei wilden Ausschweifungen ertappt und manche lassen ihre Mitmenschen gerne an den Demütigungen ihrer eigener Kindheit teilhaben. Jedes Heldenepos beschreibt daher in symbolischer Sprache den Abstieg des Helden ins Schattenreich. Dort muss er gegen die grausamsten Ungeheuer antreten, bevor er ins zurück ans Licht darf. Das erfordert größten Mut. Und wird daher meist auf morgen verschoben.

Rollentausch

So spaziert man durch die Welt und versucht mit allen Kräften, der selbst gewählten Rolle zu entsprechen. Wie durch eine bunte Sonnebrille gefärbt erscheint die Welt dann im UV-Filter grenzenloser Selbstherrlichkeit. Man glaubt ganz genau zu wissen, was einen so ausmacht. Und was nicht dazu gehört, ist sowieso klar.

Sich selbst und die Umwelt nimmt man dabei nur eingeschränkt wahr. Alles wird verglichen, bewertet und interpretiert. Dadurch beraubt man sich aber der Chance zum Weitblick. Man vergleicht alles mit bereits Erlebten, eigenen Erfahrungen, Erwartungen und fremdbestimmten Glaubenssätzen. Die eigene Meinung und Einstellung ist dann nichts anderes als ein stupides Nachplappern vorgefasster Meinungen und Klischees.

Hat man den Wahnsinn einer konstruieren „Ich-Realität" aber erst einmal erkannt, hat man die freie Wahl und die Möglichkeit, jederzeit die Hauptrolle zu übernehmen. Man kann sein Leben endlich selbst in die Hand nehmen und wird zum umjubelten Star. Und kann die Rollen beliebig wählen. Kann Superheld, Ehefrau, Ganove, Weltbürger, Flittchen, Stänkerer, Vamp, Sexgott und Moralapostel gleichzeitig sein. Um irgendwann sogar den Oscar für sein Lebenswerk verliehen zu bekommen.

Kraftakt

Hat man sich allerdings einmal auf eine bestimmte Rolle fixiert, so gilt es diese natürlich auch mit aller Kraft zu verteidigen – wenn nötig sogar kämpferisch. Das strengt ganz schön an!

Übung: Stützstrumpf

Drücke bitte einmal mit gleich bleibender Kraft von unten gegen eine Tischplatte – so als würdest du sie vor dem Herabfallen bewahren.
Wenn du nur lange genug drückst, würdest du wahrscheinlich irgendwann glauben, dass du den Tisch abstützen musst – immerhin drückt er ja umbarmherzig gegen dich.
Wenn du die Hände aber von der Tischplatte nimmst, merkst du bald, dass diese auch ohne dein Zutun dort bleibt, wo sie hingehört. Und du kannst dir entspannt einen Drink mixen.

Im Alltag drücken viele allerdings ständig gegen die Einstellungen und Überzeugungen der Mitmenschen. Und müssen ihre Meinungen mit ganzer Kraft verteidigen. Nimm einfach die Hände vom Tisch, entspann dich und setz deine Kraft dort ein, wo es sinnvoller ist. Du könntest jetzt zum Beispiel einen Freund anrufen, oder unbemerkt in der Nase bohren.

Bewährungshilfe

Oder glaubst du wirklich, dass Graffiti-Sprayer das antike Orakel von Delphi zufällig verschönert haben? Dort stand es in glänzenden Lettern: „Erkenne dich selbst!"

Das machst du ohnehin ständig. Du bewunderst dich täglich im Spiegel, kontrollierst kritisch deine Frisur, deinen Po und ärgerst dich über jedes neue Fältchen. Würdest du jemals daran zweifeln, dass du es bist, der da hämisch aus dem Spiegel grinst?

Dabei ist die Welt auch nichts anderes als dein Spiegelbild. Alles was du siehst, riechst, schmeckst, entsteht aus der Summe deiner Einstellungen, Meinungen, Glaubenssätze und Ansichten. Willst du deine Welt verändern, dann musst du dazu eigentlich nur dich selbst ändern.

Wenn du im morgendlichen Badezimmerspiegel lieber einen gut gelaunten Zeitgenossen mit knackigem Hintern antreffen möchtest, brauchst du eigentlich nur die Mundwinkel zu heben und ein anständiges Trainingsprogramm anzugehen. Um ein Lächeln auf die Gesichter mieselsüchtiger Mitmenschen zu zaubern, solltest du ihnen zuerst einmal lächelnd entgegentreten. Willst du dich aber weiterhin durch den Dschungel eines grausamen Alltags kämpfen, dann benimm dich ruhig wie ein Alltagszombie und Miesepeter.

Hilft das auch nichts, dann kannst du dich noch immer mit der Frage konfrontieren, warum du wohl unter lauter Morgenmuffeln, bösartigen Zeitgenossen und neidigen Klapperschlangen leben musst. Vielleicht bist du selbst schlecht drauf, wünschst andere Autofahrer zum Mond oder neidest deiner Freundin den tollen Hecht. Du wirst es sicher bald herausfinden. Und kannst es dann leicht ändern.

Übung: CSI: Ich

Wenn dich etwas besonders aufregt, ist das meist ein Zeichen für einen unbewussten Bereich deiner Persönlichkeit. Der berühmte Psychotherapeut C. G. Jung bezeichnete diesen Bereich als „Schatten". Nennen wir diesen Bereich doch einfach „Kumpel" – das macht ihn weitaus sympathischer.

1. Schritt: Täterprofil

Beschreibe deinen Kumpel möglichst genau.

Was genau stört dich an Anderen? Die Unpünktlichkeit deiner Mitarbeiter, die selbstbewusste Überheblichkeit deines Vorgesetzten?

2. Schritt: Bewährungshilfe

Jetzt ist Nähe angesagt.

Umarme deinen Kumpel und versuche die positiven Eigenschaften an ihm zu finden. Was könnten Menschen besonders gut, die unerwünschte Eigenschaften besitzen? Zeigt die Unpünktlichkeit etwa einen sorgloseren Umgang mit der eigenen Zeit? Kann es sich der Vorgesetzte vielleicht aufgrund seiner Position leisten, seine Meinung zu vertreten?

3. Schritt: Projektion

Beziehe die erkannten Eigenschaften jetzt auf dich persönlich. Würdest du vielleicht auch gerne ein wenig freier über deine Zeit bestimmen können und hetzt stattdessen fremdbestimmt von einem wichtigen Termin zum Nächsten? Würdest du gerne viel öfter zu deiner Meinung stehen können und bist meist einfach nur zu feige?

4. Rückführung

Versuche jetzt herauszufinden, woher dein Kumpel eigentlich stammt. Wer sagt dir eigentlich, dass du immer schneller am Ziel sein musst? Wer treibt dich an? Wer sagt dir, dass man die Meinung anderer immer akzeptieren muss und dass es gefährlich ist, zu seiner eigenen Meinung zu stehen?

Wenn du wirklich ehrlich bist, wirst du schon bald die Urheber deiner felsenfesten Überzeugungen entlarven. Es sind fast immer die Bezugspersonen unserer Kindheit. Eltern, Omas, Nannys und andere Vorbilder. Deren Ratschläge waren zwar meist gut gemeint. Aus dem ständigen „Beeil dich!" und „Das tut man einfach nicht!" entstehen dann später aber die unbewussten Glaubenssätze, die uns nerven und Kraft rauben.

5. Schritt: Integration

Nachdem du die Ursachen erkannt hast, kannst du dich auch gleich um Versöhnung bemühen. Und deine Persönlichkeit in vollem Glanz erstrahlen lassen. Gestehe dir Neues zu und erlaube dir das bisher Untersagte.

Etwa: „Ich kann mit meiner Zeit umgehen, wie immer ich möchte. Und ich werde mir jetzt auch einige Stunden an Muße gönnen. Dann trödle ich herum, verliere mich im Unwichtigen oder hänge einfach nur ab. Ich bin!"

Oder: „Ich akzeptiere andere Meinungen, werde aber immer zu meinen eigenen Grundwerten und Idealen stehen. Wenn diese Ehrlichkeit in meiner Firma nicht erwünscht ist, dann suche ich eben nach einem anderen Job oder erfülle mir in der Selbstständigkeit meine Träume. Ich bin!"

Deine Umwelt wird dadurch zum Spiegelbild. Und du kannst von anderen Menschen mehr über dich selbst erfahren als irgendwo anders. Die folgende Tabelle kann dir dabei helfen, ihre Botschaften zu entschlüsseln.

Bewährungshilfe

DAS REGT DICH AUF	VIELLEICHT SPIEGELT ES AUCH NUR …
aggressives Verhalten	Konfrontationsfähigkeit, Durchhaltevermögen
autoritär	selbstverantwortlich
bevormundend und weiß immer alles besser	unterstützend, zeigt Lücken auf
immer im Mittelpunkt stehend, vorlaut	initiativ, selbstbewusst, kontaktfreudig
unsensibel, egoistisch	konsequent, zielstrebig
konfliktscheu	diplomatisch, laissez-faire
unflexibel	beständig, verlässlich
abwertend und kritisierend	aufrichtig, direkt und konstruktiv

träumerisch, unrealistisch	Visionär, Vordenker, kreativ
wechselhaft und unbeständig	lebendig und flexibel
passiv, zurückhaltend	bescheiden, Zuhörer
misstrauisch	hinterfragend, lösungsorientiert

Mit einiger Übung kannst du die Barrieren überwinden, die dich ärgern, bremsen, schwächen und dir sonst noch zu schaffen machen. Damit werden selbst die schlimmsten Tussis und nörgelnden Kritiker zu echten Lehrern und Helfern. Das macht sie sogar ertragbar.

Dancing Star

Und wenn du dich jetzt schon mit allen anderen Menschen verbunden fühlst, kannst du auch gleich eine heiße Sohle riskieren. Und wieder einmal ordentlich das Tanzbein schwingen. Im Idealfall schwebst du dabei wie ein König oder eine Königin über die Tanzfläche. Das gelingt am besten, wenn du dich in andere Menschen hineinversetzen kannst.

Übung: Gemeinsam statt einsam
Um im Takt zu bleiben kannst du:

Auf Augenhöhe bleiben
Inspirierende Gespräche sind nur auf gleicher Augenhöhe möglich. Nicht nur bei Kindern solltest du darauf achten, ja nicht „von oben herab" zu sprechen. Du kannst viel besser auf jemanden eingehen, wenn du seine Körpersprache imitierst. Ein jugendlicher Skateboarder wird nicht zuhören, wenn du ihn in einer stocksteifen Oberlehrerhaltung ermahnst. Andererseits wird deine Gehaltsverhandlung wahrscheinlich scheitern, wenn du lässig die Füße auf den Tisch legst. Passe deine Körperhaltung, Sprache, Stimmhöhe und Lautstärke immer dem jeweiligen Gegenüber an. Dann wird man dir auch besser zuhören.

Auf Tuchfühlung gehen

Als Held bist du immer ganz du selbst – völlig unabhängig von deiner äußeren Erscheinung. Du kannst dich daher auch perfekt an die kulturellen und sozialen Umgangsformen anderer anpassen, ohne gleich deine Persönlichkeit dafür aufgeben müssen. Und wenn ein Termin eben nach einer einheitlichen Business-Tracht verlangt, dann kannst du dort vielleicht auch mit kreativen Ideen und außergewöhnlichen Leistungen brillieren. Und so auch im Nadelstreif Rock'n'Roll einbringen. Immer nur dagegen zu sein, macht erst recht abhängig.

Rauschfrei

Auf gleicher Wellenlänge mit deinen Mitmenschen zu bleiben ist aber oft gar nicht so leicht. Immerhin wird meist auf zumindest drei verschiedenen Sendefrequenzen miteinander kommuniziert. Eine dieser Frequenzen entspricht dem eher langweiligeren Kurzwellensender „Eltern FM" und ist meist von den Ermahnungen und fremdbestimmten Glaubenssätzen aus der eigenen Kindheit geprägt. Deine bloße Frage nach der Uhrzeit würde bei jemandem, der gerade auf diesem Sender rockt, ein eher abtörnendes „Hast du denn schon wieder keine Uhr?" provozieren.

Auf der Frequenz „Erwachsen FM" wird im Vergleich dazu ausschließlich unter rational vernünftigen und bedacht erwachsenen Gesichtspunkten gesendet. Die gleiche Frage nach der Zeit führt hier wahrscheinlich zu der unglamourös-sachlichen Antwort „Es ist halb vier".

Der dritte Sender geht auf „Kinder FM" on air und punktet vor allem durch rational unbegründbare, von kindlicher Unbekümmertheit strotzende und kurzweilige Inhalte. Auf dieser Frequenz könnte die Antwort durchaus mit einem Scherzchen des Kalibers „Die Zeiger legen sich gerade in die Kurve", oder „Es ist Zeit, eine Uhr zu kaufen" daherkommen.

Jeder Mensch wechselt ständig zwischen diesen Frequenzen, wie er will. Oder auch nicht will. Der Senderwechsel verläuft meist völlig unbewusst – das erleichtert die Verständigung nicht gerade. Eine sinnvolle und rauschfreie Unterhaltung kann meist nur auf gleicher Wellenlänge stattfinden.

Und so liegt es wieder einmal an dir, dich für die gewählte Frequenz deines Gegenübers zu sensibilisieren und deine Senderknöpfe entsprechend einzustellen. Das verhindert nervende Rückkoppelungen und wird die konstruktive Unterhaltung immens erleichtern.

Gestalter oder Jammerlappen

Die Welt ist kein Yoga-Retreat. Das Leben gleicht oft einer Arena, die uns immer wieder mit Streitigkeiten konfrontiert. Der Bogen spannt sich dabei von kleinen Meinungsverschiedenheiten bis zu Rosenkriegen und anderen schwerwiegenden Konflikten. Im Prinzip gibt es aber nur vier grundsätzliche Möglichkeiten, wie man auf einen Konflikt reagieren kann. Drei sinnvolle Lösungen für Helden und eine Variante für den Rest der Welt. Am besten ist es, wenn du gleich aktiv an die Sache rangehst und das Problem auf der Stelle löst.

So kann man in einer Diskussion seine Zweifel gleich aussprechen und diese durch plausible Argumentation klar darlegen.

Man kann sich allerdings auch ruhig einmal in den anderen hineinversetzen lernen – kann versuchen, die fremden Ansichten nachzuvollziehen, und diese vielleicht später sogar akzeptieren.

Allerdings kann man es auch nicht jedem recht machen und kann den Streit beenden, indem man einen gepflegten Abgang macht.

Die vierte mögliche Variante – sich demütig und erstarrt einem Konflikt auszuliefern und unseren Mitmenschen als Jammerlappen und Heulsuse auf den Keks zu gehen – kannst du gleich wieder vergessen.

Bleib lieber aktiv: Liebe eine Situation entweder mit all ihren Herausforderungen und Schwierigkeiten, verlasse das Geschehen mit erhobenen Kopf, oder mach dich sofort an die Veränderung.

Übung: Die Entscheidung

Rufe dir das nächste Mal, wenn du mit einem Problem konfrontiert wirst, die drei konstruktiven Lösungsmöglichkeiten in Erinnerung: Love it, leave it, or change it.
Überlege dir mögliche Strategien und Konsequenzen zu allen drei Vari-

anten. Welche du dann auswählst, sollte einzig davon abhängen, welche Lösung den geringsten Aufwand bedeutet. Schließlich hast du heute auch noch anderes vor.

Wenn du zum Beispiel als Außendienst-Mitarbeiter Probleme mit einem speziellen Kunden hast, könntest du:

→ Unklarheiten sofort bereinigen, deinen Standpunkt darlegen und diesen konsequent umsetzen.

→ Dich in den Kunden hineinversetzen und dich für die fremden Ansichten sensibilisieren. Dadurch kannst du sie dann vielleicht sogar akzeptieren, seine Gedanken nachvollziehen und dich damit ein wenig mehr identifizieren. Vielleicht werdet ihr später sogar Freunde.

→ Du kannst den Kunden aber auch Kunde sein lassen. Erkennst sein Fehlverhalten zwar voll an, entschließt dich aber trotzdem, das Weite zu suchen. Die Zeit und Energie, die du damit sparst, kannst du dann anderen Kunden zukommen lassen, mit denen du viel besser zurechtkommst.

Love it, leave it or change it! Die Entscheidung liegt bei dir.

Drehbuch und Regie

Wenn du dich von den fremdbestimmten Interpretationen deiner Wirklichkeit und deines eigenen Egos distanziert hast, wird dein Leben zum Blockbuster. Du bist dann aber nicht bloß ein Darsteller, sondern führst gleichzeitig auch Regie und entscheidest über den Handlungsverlauf. Der Schlüssel zum Erfolg liegt dabei in der Fähigkeit, klare Entscheidungen zu treffen.

Im zarten Schleier der Esoterik versuchen viele Menschen oft, die eigene Verantwortung zu umgehen, wo immer es nur geht. Gleichmütig wird dann alles devot hingenommen. Das führt zu nichts. Die Matrix kann Weicheier nicht ausstehen.

Übung: Vokabeltrainer

Achte im Alltag auf entscheidungsscheue Phrasen und ersetze sie durch entscheidungsstarkes Vokabular.

AUS ...	WIRD DANN ...
Man	Ich
Ich sollte	Ich werde
Nie	Jetzt nicht
Immer, niemals	In diesem Moment
Damals	Jetzt
Ich muss	Ich will
Ich kann nicht	Ich will nicht

Du reagierst dann nicht mehr bloß – du agierst und erschaffst dir aktiv deine eigene Wirklichkeit. Du kannst dich also ruhig weiterhin für deine Lieblingsfarbe, Lieblingsspeise und Lieblingsstellung entscheiden. Aber nimm die Sache bloß nicht so ernst!

Wer früher lebt, ist später tot

Wie du deine schlimmsten Befürchtungen und Sorgen endgültig zum Teufel jagst und als unverbesserlicher Glückspilz spielend Unsterblichkeit erlangst

www.infotainment.com

Wissen ist Macht. Und ein wenig mehr Macht könnten wir jetzt auch ganz gut brauchen. Nach dem Abitur wussten wir zwar noch wenig, haben die Lücken aber schon bald durch Weiterbildung und Abendseminare gefüllt. Wen stört es da noch, dass man kaum noch wirklich Geistreiches von sich gibt. Immerhin stehen die wirklich wichtigen Dinge ja auch in der Zeitung – vor allem in den bunten Teilen. Im Notfall klinken wir uns einfach ins Internet und surfen durch die Wogen globaler Informationsflut. Die Ansammlung an Wissen liefert genügend Stoff für ein effektives, praktisches und bequemes Leben. Zumindest aber für die harten Fakten einer Penisverlängerung, Brustvergrößerung und für die geheimste Anlage-Strategie.

Erstaunlich ist nur, dass man dabei noch immer so wenig zufrieden ist. Manchmal sogar völlig aus der Balance. Wir glauben zwar alles zu wissen, und doch fühlen wir uns nicht wohl.

Aus der Balance

BUDDHA-FÜLLE, ROCK 'N' ROLL-MANGEL	ROCK 'N' ROLL-FÜLLE, BUDDHA-MANGEL
unentschieden und passiv	stur
nervös	aggressiv
zerstreut	reizbar
schüchtern	verbissen
konzentrationsschwach	ungeduldig
besorgt	zornig
ängstlich	herrschsüchtig
pessimistisch	Leistungszwang
zurückgezogen	extrovertiert

Denkpause

„Cogito ergo sum – Ich denke, also bin ich", heißt der Leitsatz des französischen Philosophen Descartes, der seither unser Weltbild bestimmt. Damit haben die Probleme aber erst richtig begonnen. Die zwingende Identifikation mit unseren Gedanken führt uns in die unbarmherzige Gefangenschaft eigener Intellektualität.

Man muss sich die Körperhaltung der Menschen nur einmal genauer ansehen. Der Kopf – Zentrum des Intellekts – wird weit vorgeschoben und zieht den gebeugten Körper hinterher. Alles wird analysiert und bedacht. Für Träumerei bleibt kein Platz. Mit intellektueller Masturbation berauben wir uns allerdings des vollen geistigen Potenzials. Wenn wir uns immer nur über das Denken definieren, können wir unsere prachtvolle Persönlichkeit gar nicht kennen lernen. Die zwingende Identifikation mit unseren Gedanken führt uns höchstens wieder in die Zwangsjacke fremdbestimmter Klischees. Natürlich ist es manchmal auch nicht schlecht, ein wenig mehr nachzudenken. Aber du solltest dein Denken und deine Bildung als Werkzeug einsetzen lernen. Nütze dein Denken, wenn du es brauchst. Und finde im „nicht denken" zu dir selbst.

„Non cogito ergo sum!" – ich denke nicht, also bin ich.

Schnauze!

Wenn uns da nur nicht ständig jemand dazwischenquasseln würde. Er ist ja nicht zum Aushalten – der lärmende Endlos-Rap im Kopf: Gedanken, Bewertungen, Analysen, Ansichten und solche, die es vielleicht noch werden könnten.

Die Gedanken rasen wie Blitze durch unseren Kopf und nerven sogar noch beim Einschlafen. Gar nicht zu denken ist eigentlich unmöglich. Denke doch bitte jetzt beispielsweise zwanzig Sekunden lang nicht an einen Baum … Der Mensch ist nun mal ein denkendes Wesen.

„Nicht zu denken" bedeutet in Wirklichkeit aber nur, dass man seine Gedanken nicht mehr bewertet und zerpflückt. Dann kann man sein eigenes Denken beobachten und muss sich davon nicht mehr aus der Ruhe bringen lassen. Es ist, als würdest du im Kino sitzen und auf der Leinwand flimmern deine eigenen Gedanken vorbei. Gedanken an den Weltuntergang, die morgige Verabredung mit dem heißen Typ und den nächsten Sommerschlussverkauf. Doch die Gedanken regen dich jetzt gar nicht mehr auf. Sie haben keine Macht mehr über dich. Du greifst entspannt in die volle Popcorntüte und streckst zufrieden die Beine aus.

Im Alltag ist das meist schwerer. Das Denken scheint uns voll zu beherrschen. Aufgeregt und hektisch flattern wir durch die Gegend. Dabei ist es ganz einfach, ein wenig Ruhe zu finden und uns jederzeit eine Insel der entspannten Glückseligkeit zu schaffen. Alles, was wir dazu tun müssen, ist, uns voll und ganz dem Augenblick zu widmen. Dann wird der Rapper im Kopf endlich seine Schnauze halten.

Doch unser Geist ist ein Spielverderber und neigt dazu, ständig in die Zukunft abzuschweifen. Selten erleben wir den Augenblick. Wir sitzen im Auto und denken schon daran, was uns im Büro erwarten wird. Wir sitzen im Büro und denken, was wir nach Feierabend unternehmen werden. Wir sitzen mit Freunden zusammen und denken schon an den nächsten Arbeitstag. Im Geiste sind wir eigentlich so gut wie nie dort, wo wir eigentlich gerade sind: im Augenblick. Nicht einmal beim Sitzen.

Übung Nachsitzen, Ruhe im Chaos – die Königsübung

Das bewusste Sitzen ist eine der besten Übungen zur Entspannung, Aufmerksamkeitssteigerung und Konzentration. Deshalb gilt sie auch als die Königsübung im japanischen Zen.

Setze dich aufrecht auf einen Stuhl. Halte deine Augen leicht geöffnet und richte den Blick auf eine Wand oder auf den Boden. Beginne jetzt deinen Atem zu beobachten, ohne ihn zu beeinflussen. Zähle die einzelnen Atemzüge im Geiste mit: einatmen – eins – ausatmen – zwei usw. … von eins bis zehn. Dann beginnst du wieder von vorne.

Wenn Gedanken auftauchen, lasse sie einfach zu und konzentriere dich wieder auf deinen Atem und das Zählen. Immer schön von eins bis zehn. Versuche diese Übung für einige Minuten auszuführen und lockere anschließend deine Beine und Schultern.

Die Übung führt zu geistiger Ruhe und Klarheit und sollte vor allem dann ausgeführt werden, wenn wieder einmal alles drunter und drüber geht. Sie beamt dich zum einzigen Ort, den es gibt: in das Hier und Jetzt. Ob du es willst oder nicht.

Die erfahrene Gelassenheit ist ein Zustand höchster Aufmerksamkeit und Handlungsfähigkeit.

Erleuchtung am Klo

Der gegenwärtige Augenblick ist auch der einzige Zeitpunkt, von dem du mit Sicherheit behaupten kannst, dass es ihn gibt. Die Zukunft steht in den Sternen. Oder kennst du etwa schon die Lottozahlen der nächsten Ziehung?

Mit Sicherheit wirst du dich glücklicher und zufriedener fühlen, wenn du dich auf das Hier und Jetzt konzentrierst und einlässt.

Die vorige Übung – „Nachsitzen, Ruhe im Chaos" – solltest du regelmäßig ausführen. Sie bringt deinen Geist zurück in den Augenblick. Diesen Geisteszustand nennen die Zen-Buddhisten, Meister der uneingeschränkten Gelassenheit, „leerer Geist". „Leer" ist aber eine eher unglücklich gewählte Bezeichnung. Natürlich weiß der Zen-Meister auch weiterhin, wie er heißt und wo er wohnt. Sicherlich schwirren ihm auch während der Meditation Gedanken an duftende Miso-Suppen und leckere Sushi-Rollen durch den Kopf.

Er misst seinen Gedanken aber nicht mehr an Bedeutung bei, als wirklich notwendig ist. Der Zen-Meister akzeptiert seine Gedanken, nimmt sie wahr, ohne sie zu interpretieren. Weil er sich vom Denken befreit, kann er das Leben in vollen Zügen genießen.

Dies im Sitzen zu schaffen, ist aber nur ein erster Schritt. Schließlich willst du ja nicht dein ganzes Leben als Stubenhocker verbringen. Fortgeschrittene können ihre Gelassenheit daher auch in der größten Hektik bewahren und selbst in Stress und Angstsituationen selbstbestimmt und gegenwärtig agieren. Dazu benützen sie jede Trainingsmöglichkeit, die sich bietet. Jede auch noch so „unheilige" Tätigkeit kann zur edlen Meditationsübung erhoben werden, wenn man sie mit Bewusstheit ausführt.

Es kann weitaus meditativer sein, in einer vollen Disco abzutanzen, als in einem abgeschiedenen Meditationszentrum herumzusitzen und dabei ständig darüber nachzudenken, was für einen geschmacklosen Fummel die Tussi in der ersten Reihe da anhat. Sogar wenn man vollkommen bewusst am Klo sitzt, kann man dort Gegenwärtigkeit finden und der Erleuchtung näher kommen. Mit den folgenden Übungen auch.

Übung: Hier und Jetzt

Kinderspiel
Versuche die Stadt als Spielplatz zu nützen – etwa beim Weg zur Arbeit. Balanciere auf Bordsteinkanten, hüpfe über Regenpfützen und versuche in der U-Bahn auf einem Bein zu stehen. Ungläubigen Blicke begenest du mit kindlich heiterem Gemüt.

Spähtrupp
Ändere auf dem Weg zur Arbeit deinen gewohnten Blickwinkel. Versuche neue Details, wie Dächer, Fenster und Türen, wahrzunehmen, die dir bisher verborgen geblieben sind.

Legasthenie
Verzichte für einige Zeit auf deine dominante Hand. Versuche als Rechtshänder alle Tätigkeiten mit der linken Hand auszuführen. Linkshänder üben klarerweise mit der rechten Hand.

Blindgänger
Bewege dich mit geschlossenen Augen durch deine Wohnung oder dein Büro. Natürlich solltest du dabei darauf achten, unverletzt zu bleiben.

Beamtenschwung

Eine andere ausgezeichnete Möglichkeit, Gelassenheit im Chaos zu finden, ist es, den Alltag bewusst zu verlangsamen.

In der Hektik bleibt oft wenig Zeit für Details. Da springt man noch schnell unter die Dusche, schiebt sich vorher ein Butterbrot zwischen die Zähne und läuft dann gehetzt zur U-Bahn – in Gedanken ist man dabei schon längst bei der Arbeit. Wenn man gewohnte Bewegungen aber bewusst verlangsamt, kann man erst erkennen, wie ferngesteuert und unbedacht man meist durchs Leben torkelt.

Übung: Entschleunigung
Versuche dich im Alltag zwischendurch immer wieder in Zeitlupe zu bewegen. Nimm die Butter langsam aus dem Kühlschrank und streiche sie im Zeitlupentempo auf das Brot. Versuch dich für deine Bewegungen zu sensibilisieren. Stehst du immer im Gleichgewicht, spürst du unnötige Muskelanspannungen, ist deine Bewegung ökonomisch und zielgerichtet?
Spürst du den Boden unter den Füßen? Ist deine Haltung aufrecht? Was ist mit deiner Atmung?
Beginne mit einigen Sekunden und verlängere die Zeit nach Lust und Laune.

Mit dieser Übung kannst du deine Aufmerksamkeit jederzeit auf den Augenblick konzentrieren. Außerdem werden deine Bewegungen bald viel anmutiger sein. Und du wirst deine Sorgen und Ängste los.

Vergangenheitsbewältigung

Viele Entspannungsmethoden bauen darauf auf, die äußere Umgebung zu dämpfen, um Entspannung und Klarheit zu finden. Da werden Räucherstäbchen entzündet, Meditationsklänge erfüllen den Raum und der Lehrer spricht mit bedächtiger, langsamer Stimme.

Das hilft uns nicht weiter. In unserem Alltag brennen weder Räucherstäbchen noch erfüllen Harfenklänge den Raum. Und der Chef spricht alles andere als bedächtig. Doch selbst dort kann man den vollen Durchblick bewahren. Man muss dazu bloß in die Vergangenheit reisen und ein wenig nachdenken.

Während unser Vordenken, das Abschweifen in die Zukunft, immer nur subjektiv sein kann und auf eigenen Interpretationen und Erwartungen beruht, kann eine Reise in die Vergangenheit den vollen Durchblick ermöglichen.

Nachdenken – das objektive Analysieren vergangener Ereignisse – bietet die Chance, diese mit Abstand zu betrachten. Im Nachhinein weiß man es sowieso immer besser. Auch die größten Helden machen Fehler. Aber nicht immer die gleichen.

Übung: Analyse – aber schnell!

Mache es dir zur Gewohnheit, am Abend deinen Tag zu reflektieren. Überlege dir zu erlebten Schwierigkeiten, was du besser machen hättest können. Bleib dabei aber kurz und sachlich. Am besten zündest du ein Streichholz an und hältst es solange zwischen den Fingern, bis du die notwendigen Schritte laut ausgesprochen hast. Das hilft dir, dich auf die wesentlichen Dinge zu konzentrieren.

Im Alltag wird dir diese Übung viele Möglichkeiten für scheinbar unlösbare Situationen des letzten Tages aufzeigen. Wenn du regelmäßig übst, wirst du die Lage immer schneller checken und entsprechend handeln können. Du handelst dann der Situation angemessen und lässt dich nicht von deiner Erwartung leiten.

Du kannst aus der Vergangenheit lernen, wie du in Zukunft die Gegenwart meisterst.

Glückskeks

Jetzt hast du keine Sorgen – jetzt hast du nichts zu befürchten! Wenn du dich immer wieder um volle Aufmerksamkeit bemühst, wird dich schon bald ein Gefühl der Ruhe, Gelassenheit und Klarheit durchströmen.

Das fühlt sich so gut an, dass man bald nicht mehr darauf verzichten möchte. Dann wird man auch den unspektakulären Dingen wieder die volle Aufmerksamkeit schenken. Unbeschreibliche Glücksgefühle, Zuversicht und friedliche Gelassenheit werden dich begleiten.

Außerdem bist du gut beschützt. Immerhin entscheidet die Aufmerksamkeit manchmal auch über Leben und Tod. Da haben dann weder Sorgen noch Befürchtungen eine Daseinsberechtigung.

Beide strecken aus der Zukunft ihre grausamen Tenakel nach dir aus. Wir sorgen uns um unsere Existenz, um die Karriere und darüber, ob andere die kleinen Dellen am Oberschenkel schon sehen können.

Dabei geht es uns im Moment eigentlich ganz gut. Oder bist du jetzt gerade an Leib und Leben bedroht? Wahrscheinlich ist dir warm, du hast gut gegessen und vielleicht findest du dich jetzt gerade sogar ziemlich sexy.

Auch deine schlimmsten Befürchtungen sind eigentlich nur ungeladene Gäste aus der Zukunft. Zugegeben, es könnte schon ordentlich Angst machen, wenn die Büro-Decke plötzlich einstürzt, du gerade überfallen wirst oder deine ganze Familie zu verhungern droht. Diese Angst ist dann aber auch begründet und wird mit Sicherheit unbegrenzte Kräfte mobilisieren. Du könntest dann mit einem Satz aus dem Büro springen, dem Räuber in Weltrekordzeit davonlaufen und würdest jedes Klo der Stadt putzen, um deine Familie durchzubringen.

Im Moment aber scheint aber alles ruhig zu sein. Und trotzdem verhalten sich die meisten, als würde gerade die Welt untergehen.

Fast alle Ängste entstehen durch ein ständiges Abschweifen unserer Gedanken in die Zukunft und sind in Wirklichkeit eigentlich nur Befürchtungen. Wir fürchten uns vor etwas, was vielleicht irgendwann einmal passieren könnte. Den Energievampiren Angst und Sorge können wir aber leicht den Tag versauen. In dem Moment, wo wir uns voll auf den Augenblick konzentrieren, sind sie weg.

Die wenigen Ängste, die dann noch übrig bleiben, sind auch im Augenblick berechtigt und werden dir in Not als Freund zur Seite stehen. Dann kannst du immer noch tun, was zu tun ist. Helden haben Angst und handeln trotzdem. Wer in gefährlichen Situationen überhaupt keine mehr Angst verspürt, ist wohl eher ein Fall für den Psychiater.

Ene, Mene, Muh

... und tot bist du! Klingt beängstigend. Wann wird es dich wohl erwischen? Hoffentlich nicht so bald. Irgendwann werden wir aber alle über den Jordan wandern, auf einer Wolke lümmeln oder in Walhalla mit Elchen um die Wette laufen – so viel steht fest.

Jeder weiß es, keiner will es wahrhaben. Heutzutage wird das Thema Tod hartnäckiger verdrängt als je zuvor. Viele Menschen haben noch nie einen toten Menschen gesehen – außer im Fernsehen. Das macht natürlich Angst.

Wahrscheinlich wurzeln alle Ängste im sturen Verdrängen eigener Todesangst. Schließlich bedeutet der Tod ja auch gleichzeitig das Ende des mühsam konstruierten „Egos". Wie ehrenwert, moralisch, weit gereist, gebildet und reich man auch zu Lebzeiten gewesen ist – am Ende liegt man im Erdloch. So wie die anderen auch.

Zombie-Parade

Doch daran will man jetzt erst gar nicht denken. Der Tod wird verdrängt. Das Alter verleumdet. Was zählt, ist die Jugend. Und die gilt es zu erhalten – um jeden Preis.

Da schmiert man sich seltene Mineralien in die Visage, ernährt sich von Multivitaminkapseln und kauft in den gleichen Läden wie die eigenen Neffen und Nichten. Alles nur, um die ewige Jugend zu konservieren und der „Krankheit" des Alterns zu entkommen. Von den Werbeplakaten lächeln sie uns dann auch noch entgegen, die Hohepriester des Jugendwahns. Braungebrannte Pensionisten mit geometrisch perfekten Zähnen, die aussehen, als hätten sie ihr ganzes Leben Golf spielend auf Mallorca verbracht. Um es ihnen gleich zu tun, verbringen viele Menschen ihr halbes Leben in Fitnesscentern, Silikonfarmen und Botox-Labors. Und sehen dabei aus wie wandelnde Leichen mit geliftetem Hang zur Ausdruckslosigkeit.

In den Hochkulturen vergangener Tage wurde älteren Semestern noch gebührender Respekt gezollt. Ein fortgeschrittenes Alter galt als Voraussetzung für die Erlangung geistiger Reife und Weisheit. Man wurde noch gebraucht.

Welch ein jämmerlicher Anblick sind da die bierbäuchigen Kampfkunstlehrer – und andere alternde spirituell schlappe „Meister". Immerhin ist man ja nun schon alt – sollen doch die Jungen üben. In spirituellen Lehren gibt aber es keine Seniorenklasse. Wer mit 70 Jahren nicht besser ist als mit 25, ist seit mindestens 45 Jahren auf dem Holzweg. Natürlich kann man dann nicht mit der unbändigen Kraft und dem Körpereinsatz der Jungspunde mithalten. Muss man ja auch nicht. Aber mit Gelassenheit, Ökonomie und dem einen oder anderen Trick aus dem Fundus der Lebenserfahrung lassen sich sogar spirituelle Nachwuchstalente auf die Plätze verweisen.

Übung: Alter Haudegen

Schreibe zumindest drei deiner größten Stärken auf ein Blatt Papier.
Was kannst du besonders gut?
Überlege dir nun, wie du diese Fähigkeiten weiterentwickeln kannst –
für immer.

Spare dabei alle Attribute aus, die im natürlichen Verlauf des Alters abnehmen. Konzentriere dich lieber auf Eigenschaften und Strategien, die du völlig altersunabhängig steigern kannst. Entspannung, Ruhe, Gelassenheit und Ökonomie sind sicher gute Tipps.

Wiedergeburt

Du brauchst keine Angst vor dem Tod zu haben. Wenn du die Scheinwelt deines „Ich-Wahns" durchschaut hast, hast du nichts mehr zu verlieren. Du bist unsterblich!

Alles ist Rhythmus. Und wenn dein lebendiges „Rock'n'Roll"-Leben kurzzeitig von sanfter „Buddha"-Ruhe unterbrochen wird, bereitet dich das nur auf einen neuen Lebens-Gig vor. Die Bühne wird umgebaut – Soundcheck – und weiter geht's!

Energie und Bewusstsein kann nichts umbringen. Sogar die Physiklehrer wissen das. Der so genannte Energieerhaltungssatz beschreibt, dass man Energie bestenfalls verändern kann. Einfach so wegzaubern kann man sie aber nicht. Wenn du abtrittst, wird sich dein strahlendes Antlitz zwar geringfügig zur noblen Blässe verändern. In dem Moment, wo du deine letzten Atome ausatmest, werden diese aber mit Sicherheit nach einer neuen Bleibe suchen. Wenn du Glück hast, werden sie von einem Helden der nächsten Generation eingeatmet und du kannst dort weitermachen, wo du aufgehört hast. Schlimmstenfalls musst du eben ein Leben als Baumwollunterhose durchhalten.

Energie ist aber ein Gewohnheitstier und hat ein hohes Verlangen nach Gleichgesinnten. Bleibst du auf dem richtigen Weg und versuchst nach bestem Wissen und Gewissen ein halbwegs anständiges Dasein zu verleben, dann kannst du auf eine zukünftige Fünfstern-Bleibe vertrauen.

Nachruf für Fortgeschrittene

Am besten gelingt dir das, wenn du dem Sensenmann frech ins blutunterlaufene Auge blickst. Vor wichtigen Kämpfen habe ich immer heimlich ein

Testament verfasst und bei meinen Eltern versteckt. Ich verteilte darin meinen spärlichen Besitz und schrieb meinen Liebsten ein paar nette Zeilen. Damit war alles erledigt. Wenn es zum Kampf kam, war ich von allen Image- und Existenzängsten befreit und konnte die Action so richtig genießen. Der Ausgang und was wohl die anderen über mich denken, war mir völlig egal – immerhin hatte ich ja für das Schlimmste vorgesorgt.

Die folgenden Übungen werden dich in deiner Lebensfreude bestärken.

Übung: Nachlass

Verfasse dein Testament und lege einen lieben Brief für deine nächsten Menschen bei. Verstecke es dann dort, wo man es im Falle deines Ablebens auch leicht finden wird.

Du solltest dabei immer ehrlich sein – sonst wird das nichts. In Selbstverbesserungs-Seminaren und Ratgebern werden die Teilnehmer und Leser oft mit dem Verfassen des eigenen Nachrufes bei Laune gehalten. Das soll die innersten Lebensziele aufzeigen und der Nachwelt einen Rückblick auf ein glorreiches Leben ermöglichen. Mit glänzenden Augen machen sich die Teilnehmer sofort an die Umsetzung. Verfassen munter Lobeshymnen und Heldenmärchen. Da wird aus Hans Hubert, der seine Frau unterdrückt, plötzlich der fürsorgliche Familienvater. Und aus der geizigen Ernestine wird auf einmal die großzügige Stütze der heimischen Gemeinde.

Was zählt, ist das Image – sogar über den Tod hinaus. Über so viel Selbstbeweihräucherung kann man sich nur wundern. Alles Buddha, oder was?

Dabei kann das aufrichtige Verfassen des eigenen Nachrufes ein wertvolles Instrument zur Selbsterkenntnis sein. Und sogar richtig Spaß machen.

Übung: Nachruf für Fortgeschrittene

Verfasse zuerst einen klassischen Nachruf mit all deinen liebenswerten, ehrenvollen und verantwortungsvollen Eigenschaften. Blicke dabei möglichst ernst aus der Wäsche und runzle nachdenklich die Stirn. Ändere dann deinen Gesichtsausdruck, entspanne dich und setze einen

hämischen Grinser auf. Beschreibe jetzt alle Eigenschaften, die du in Lebensläufen und Bewerbungsschreiben gerne vergisst. Schreibe zu jeder Eigenschaft einfach das Gegenteil auf. Bleib dabei aber immer positiv und gut gelaunt. Aus fürsorglich wird dann schnell ein „freiheitsliebend", aus großzügig sogleich ein „schrulliger Knauserer". Dann verfasse deinen Nachruf erneut und versuche dabei alle notierten Facetten deiner vielschichtigen Persönlichkeit zu berücksichtigen. Aber witzig! Das Leben ist schon ernst genug. Aus dem treu sorgenden Ehemann wird dann auch endlich der lebenslustige Party-Löwe, der hübschen Frauen nachschauen kann, ohne dabei den Kopf bewegen zu müssen. Aus der verständnisvoll ruhigen Frau wird dann die flotte Biene, die auch mal nackt durchs Haus tanzt. Deiner Fantasie sind keine Grenzen gesetzt.
Beende den Nachruf mit den Worten: „Und deshalb lieben wir dich!", und freue dich über die Tiefe deiner Persönlichkeit und die fröhliche Stimmung bei deinem Abgang.

Sterben kann man immer und überall. Das Bewusstsein, dass es dich jederzeit erwischen kann, schafft aber erst die Voraussetzung für echte Lebensfreude. Man lebt weitaus intensiver und weiß die wirklich wichtigen Dinge wieder mehr zu schätzen. Mangelt es dir noch immer an Lebensfreude, dann empfehle ich dir einen kurzen Abstecher in die nächste Krebs-Klinik. Dann wirst du den Tag gleich wieder zu schätzen wissen.

Spielernatur

> „Der Mensch ist nur dort ganz Mensch, wo er spielt."
> Friedrich Schiller

Recht hat er, der Schiller. Im Spiel können wir unsere volle Persönlichkeit ausleben. Auch die frommste Nonne wird zur jubilierenden Frohnatur, wenn sie beim „Mensch ärgere dich nicht" die Pfarrersköchin eliminiert. Das breite Grinsen und die hoch gestreckte Faust nach einem Fußballtor erheben den schüchternen Bürohengst mit einem Schlag zum Sexgott. Niederlagen und Eigentore werden dabei gar nicht mehr so ernst genommen – es ist ja nur ein Spiel.

Wenn man mit der gleichen Einstellung den Herausforderungen des Lebens gegenübertritt, kann man mit Niederlagen viel besser fertig werden. Und es eröffnen sich auch gleich viel mehr Lösungsvarianten. Meist nehmen wir das Leben viel zu ernst. Reagieren beleidigt und gekränkt, wenn uns ein Schlag des Schicksals trifft. Und kämpfen mit aller Härte und Verbissenheit dagegen an. Mit Spielwitz lassen sich auch die größten Probleme leichter bewältigen. Das kann Kräfte und Fähigkeiten aktivieren, von denen man früher nicht einmal zu träumen gewagt hätte.

Bemühe dich im Alltag immer wieder um diese spielerische Leichtigkeit. Wie kannst du eine Tätigkeit erleichtern, eine Aufgabe spielerisch angehen und auch die langweiligste Arbeit mit Leichtigkeit und Freude erfüllen? Mach es dir leicht!

Das Spiel des Lebens bringt natürlich auch immer wieder Niederlagen mit sich. Aber wenn du siebenmal hinfällst, musst du eigentlich nur siebenmal aufstehen, um wieder auf die Beine zu kommen. Und kannst lächelnd in die nächste Runde gehen!

Anfängerglück

Viele Menschen geben irgendwann auf. Und stehen nicht mehr auf. Doch Bewegung ist Leben – der Tod hat doch immer etwas Starres an sich. Und das Alter erst recht. Sicherlich kennst du genügend ältere Menschen, die alles wissen, alles kennen und deine Träumereien gerne als kindische Spinnerei abwerten.

Man erkennt sie leicht an den Aussagen: „Früher war alles besser.",Was weißt denn du schon." „Das kenne ich längst."

Man erkennt sie aber auch an ihrer Ausstrahlung. Meist wirken sie viel älter, als sie eigentlich sind.

Andere hingegen scheinen ihre Jugendlichkeit bis ins hohe Alter bewahrt zu haben. Aus faltigen Gesichtern strahlen Augen voller Lebendigkeit und Lebensfreude. Solche Leute scheinen die Quelle zu ewiger Jugend gefunden zu haben. Und wenn man sich mit solchen Helden fortgeschrittener Altersklassen unterhält, fällt einem immer eines sofort auf: eine nahezu kindliche Neugier gegenüber dem Leben und das Interesse an Neuem. Einer meiner besten Freunde ist mehr als zwanzig Jahre älter als ich und hat sicherlich schon mehr vergessen, als ich jemals zu wissen glaubte. Erzähle ich ihm aber von einer meiner neuesten Spinnereien, dann kann ich mir seines Interesses sicher sein. Manchmal probieren wir die Dinge auch gleich aus.

Übung: Pure Neugier

Suche dir immer wieder Möglichkeiten, um deinen Horizont zu erweitern und begib dich regelmäßig in unbekanntes Terrain. Du kannst fremde Länder bereisen und dich über andere Kulturen informieren. Du kannst aber auch nur einmal dein Stammcafé verlassen und in einer Hardrock-Hütte über den Sinn des Lebens und die neuesten Vergaser-Technologien plaudern. Hör anderen einfach nur aufmerksam zu. Von gepiercten Freaks mit blauen Haaren kann man oft mehr über das wahre Leben in der Großstadt lernen als von gefönten Persönlichkeits-Trainern.

„Anfängergeist" ist die Quelle ewiger Jugend. Spiritualität verleiht keinen schwarzen Gürtel. Man bleibt immer Anfänger. Wie viel du jetzt auch zu wissen glaubst und was immer du jetzt schon alles kannst, die Welt wird dir immer wieder neue Chancen zum Wachstum eröffnen. Nütze sie alle! So bleibst du flexibel. Und für immer jung.

Piloten ist nichts verboten

Wie du nach Belieben durch Raum und Zeit fliegst, deine Träume verwirklichst und trotzdem noch über den Dingen stehst

Alter Schinken

Da sich die Informationen, die ständig über das Auge in unser Bewusstsein dringen, mit der bescheidenen Lichtgeschwindigkeit von 300.000 Kilometern pro Sekunde ausbreiten, sehen wir ständig Dinge, die längst Vergangenheit sind. Wie antiquiert sie sind, hängt nur vom Abstand des Betrachters ab.

Der morgendliche Blick in den Spiegel zeigt uns bestenfalls, wie verschlafen wir vor noch zwei Nanosekunden – zwei Milliardstel Sekunden – ausgesehen haben. Wesentlich älter sind die Bilder vom Himmelszelt. Das Bild des nächstgelegenen Sternes etwa ist schon gute vier Jahre alt, und das Zentrum unserer Galaxie entspricht – so wie wir sie sehen – der Milchstraße, wie sie vor 25.000 Jahren ausgesehen hat.

Das sollte dich jetzt nicht erschrecken. Die Zeiteinteilung, wie du sie kennst, ist sowieso nur ein theoretisches Modell babylonischer Mathematiker. Im Mesopotamien vergangener Tage wurde die Zeit erstmals in ein lineares Dezimalsystem mit der Basiszahl 12 eingeteilt. Das Modell hinkt.

Albert Einstein fand heraus, dass Zeit und Raum untrennbar miteinander verbunden sind und nur relativen Charakter haben. Und so bremst schon eine kleine Spritztour mit dem Auto die konservativen Zeitmodelle gnadenlos aus. Bewegst du dich mit Vollgas durch die relative Wirklichkeit einer Bundesstraße, kannst du guten Gewissens behaupten, weniger gealtert zu sein als der Polizist, der hämisch grinsend das Strafmandat ausfüllt. Zumindest aus seiner Sicht.

Zugegeben, es geht hier nur um Sekundenbruchteile, und deine jugendliche Ausstrahlung auf dem Radarfoto hält sich auch in Grenzen. Aber dass es so etwas wie einen allgemeingültigen Zeitbegriff gibt, widerlegt es ganz bestimmt.

Die Quadratur des Kreises

Du hast alle Zeit der Welt und kannst dich vom linearen Zeitmodell immer wieder verabschieden. Es hilft dir zwar dabei, pünktlich in der Arbeit aufzukreuzen, für spirituelle Erkenntnis ist es aber unbrauchbar. Außerdem gibt es sowieso keine hundertprozentig geraden Linien auf der Welt. Wenn man eine gerade Linie nur lange genug verlängert, wird sie sich aufgrund der Raumkrümmung irgendwann zu einem großen Kreis schließen. Der

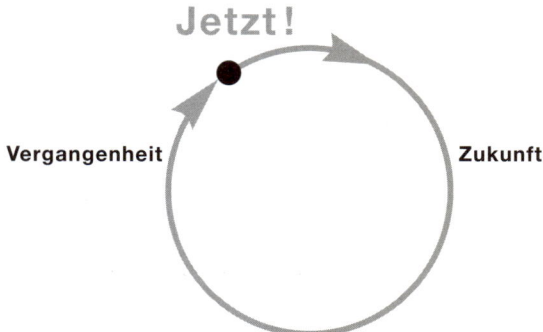

gegenwärtige Moment ist dann bloß Verbindungspunkt von Vergangenheit und Zukunft. Das eröffnet ganz neue Perspektiven.

Zufallstreffer

In Leben laufen die Dinge im Moment sowieso selten so, wie man sich das vorgestellt hat. Es regiert der Zufall. Doch die Matrix ist perfekt – Zufälle ausgeschlossen. Wenn wir unseren Betrachtungszeitraum ausdehnen, können wir meist schnell einen Sinn hinter den Ereignissen erkennen. Ältere Semester erkennen erst oft im Rückblick auf ihr Leben einen tieferen Sinn hinter scheinbar zufälligen Ereignissen. Gerade die unwichtigeren Dinge bekommen dann oft eine viel größere Bedeutung. Doch so lange wollen wir jetzt nicht warten.

Schließlich ist uns erst letztes Jahr zufällig ein alter Bekannter über den Weg gelaufen, der den langweiligen Buchhaltungskurs empfohlen hat. Und dass wir uns letztes Jahr zufällig einen Grippevirus eingefangen haben und nicht zum Rendezvous mit dem tollen Typ aus der Italo-Bar antanzen konnten, hat diesen armen Kerl rein zufällig in die Arme dieser Silikon-Tussi getrieben.

Rückblickend haben wir im Buchhaltungskurs allerdings zufällig unsere große Liebe getroffen. Und der einst bewunderte Typ aus der Italo-Bar entpuppte sich viel später zufällig als Muttersöhnchen. Im Nachhinein hatte das alles irgendwie auch einen Sinn.

Man wird eben nicht zufällig von einem Auto angefahren und man bekommt auch nicht zufällig ein neues Job-Angebot. Man erkrankt auch nicht zufällig an einer Grippe. Immerhin tragen fast alle Menschen die gleichen abscheulichen Bakterien und Viren in sich. Aber nur ein Bruchteil wird mit rinnender Nase ins Bett gezwungen. Und was soll daran jetzt sinnvoll sein? Gar nichts, wenn man die Ursachen nicht erkennt.

So wie unser gesamtes Weltbild beruht auch das lineare Zeitmodell auf kausalem „Weil/dann"-Denken. Denn um kausale Wirkungen herstellen zu können, benötigt man ja auch die entsprechenden Ursachen. Weil man die Bankomatkarte in den Schlitz gesteckt hat, kommt weiter unten die Kohle heraus. Weil man gestern auf die uncoole Haube verzichtet hat, muss man sich heute mit triefender Nase durch die Gegend schleppen.

Zusammenhänge sind schnell hergestellt und die Ursachen entlarvt. Dabei begibt man sich aber meist wieder in die gleiche Einbahnstraße. Die Ursachen werden zeitlich immer vor der entsprechenden Wirkung gesucht: Fette Kohle *weil* vorher Bankomatkarte in den Schlitz geschoben – Lästiger Schnupfen *weil* vorher modebewusste Unvernunft – logisch.

Doch schon der alte Aristoteles wusste um zumindest zwei mögliche Ursachen. Mit „causa efficiens" bezeichnete er eine Ursache, die in der Vergangenheit liegt, während die „causa finalis" eine Ursache beschreibt, die durchaus auch erst in der Zukunft stattfinden kann.

Als Ursache für das Geld aus dem Bankomaten könnte man genauso gut die geplante Shoppingtour anerkennen – und die kann erst mit der Kohle so richtig beginnen. So könnte unsere Nase heute auch deshalb triefen, weil wir uns vor dem morgigen Termin fürchten. Der Schnupfen gibt uns aber wenigstens einen guten Grund dazu, gar nicht hingehen zu müssen.

Übung: Boxenstop

Mach es dir zur Gewohnheit, bei körperlichen Beschwerden und Krankheitssymptomen, auch in der Zukunft nach möglichen Ursachen Ausschau zu halten. Woran könnte dich eine Verkühlung hindern? Welche Aufgaben, Termine und Tätigkeiten werden durch das plötzliche Auftreten von Rückenschmerzen erschwert? Hinterfrage auf diese Art immer wieder deine Symptome. Versuche die geheimen Botschaften deines Körpers zu erkennen und ziehe notfalls die entsprechenden Konsequenzen.

Du kannst damit aber weit mehr als die verschlüsselten Botschaften hinter einer Verkühlung erkennen. Wenn du immer wieder vom linearen Zeitmodell auf den kreisförmigen Lauf der Dinge wechselst, wirst du noch deine Wunder erleben.

Du kannst dann in jedem Augenblick die richtigen Ursachen setzen, deine

Vergangenheit und Zukunft spielend ändern und dich in viel bessere Zeiten hinein amüsieren.

Beam me up, Scotty!

Raum und Zeit sind untrennbar miteinander verbunden. Die Physik beschreibt diese Abhängigkeit mit dem Begriff des Raum-Zeit-Kontinuums. Ein Zusammenhang, der den Weisen alter Zeiten längst bekannt war: Zeit und Raum sind die Achsen eines polaren Weltbildes. Nur in der Polarität gibt es ein Vorher und ein Nachher. Wer die Polarität überwindet, die Scheinwelt entlarvt und die Einheit erkennt, wird die lineare Zeit überwinden. Und sich an einem Punkt wiederfinden, wo Raum und Zeit nur noch relativen Charakter haben.

Die moderne Quantenphysik kommt da zu ganz ähnlichen Ergebnissen und schließt selbst das zukünftige Reisen durch Raum und Zeit nicht mehr aus. Wie im Raumschiff Enterprise. Immer wenn es für die Enterprise-Crew brenzlig wurde, genügte ein kurzer Befehl, und Captain Kirk löste sich auf, um schon bald an einem anderen Ort zu erscheinen. Beamen würde unseren Alltag erleichtern. Man müsste sich nicht mehr im Stau ärgern und könnte sich in peinlichen Situationen einfach wegbeamen.

Der Wiener Wissenschaftler Anton Zeilinger hat die Machbarkeit des Beamens inzwischen sogar bewiesen. Zeilinger konnte in einem aufwändigen Experiment Veränderungen an Photonen, den kleinsten Bestandteilen des Lichts, meterweit auf andere Photonen übertragen. Es entstand eine völlig identische Kopie. Der Haken an der Sache ist der extrem hohe Energieverbrauch. Um sich mit dieser Methode nach Jamaika zu beamen, müsste man 10.000 Mal mehr Energie aufwenden, als jemals auf der ganzen Erde verbraucht wurde. Das macht die Sache schwierig. Für die Wissenschaftler zumindest.

Weißt du den Schlüssel der universellen Prinzipien erst einmal richtig einzusetzen, gibt es keine Barrieren mehr. Ist es an der Zeit, könnten dich nicht einmal die dicksten Mauern aufhalten – du würdest locker durchmarschieren, als wären sie eine dickflüssige Antifaltencreme. Ich habe es schon öfters erlebt. Räume, Gegenstände und die Zeit verändern sich. Klingt irgendwie freakig, ich weiß. Aber ich bestehe jeden Drogentest (Promilletests nach Polterabenden vielleicht ausgenommen) mit Bravour.

Mit ein wenig mehr Fantasie kannst du aber noch viel mehr. Du könntest zum Beispiel deinen Körper verlassen und durch Raum und Zeit reisen.

Übung: Den Körper verlassen

Lege dich dazu entspannt hin und schließe deine Augen. Achte für einige Zeit auf eine ruhige Atmung und entspannte Muskulatur. Verabschiede dich dann, um in Lichtgeschwindigkeit zu einem Ort deiner Wahl zu reisen. Ob dieser Ort in der Zukunft, Gegenwart oder Vergangenheit liegt, spielt dabei keine Rolle. Jetzt kannst du wilde Abenteuer bestehen, die tollsten Dinge erleben oder dich einfach nur am Strand von Malibu sonnen. Nimm die Umgebung möglichst genau und mit allen Sinnen wahr. Vermeide bei deinen Reisen aber, dich in fremde Angelegenheiten einzumischen oder andere Menschen zu manipulieren. Das ist „Black Magic" – und wird dich schwächen. Lass dir beim Zurückkommen Zeit und bewege zuerst einmal Arme und Beine, bevor du die Augen öffnest und wieder in die Realität zurückkehrst.

Du solltest mir vorerst einfach vertrauen: Dein Bewusstsein kann alles Materielle durchdringen. Denn es ist nur der Geist, der sich den Raum erbaut.

Gütesiegel

Heutzutage nimmt man die Zeit nur mehr als quantitative Maßeinheit wahr. Jede Zeit hat aber auch ihre Vibration – die Zeitqualität. Die Zeitqualität bestimmt dabei dein subjektives Zeitempfinden. Und das ist etwas sehr Persönliches. Deshalb wirkt die Wartezeit beim Zahnarzt auch viel länger als der letzte Urlaub am Strand. Und der nächste Urlaub erscheint noch in weiter Ferne, während der Abgabetermin für das ungeliebte Projekt im Galopp daherzukommen scheint.

Wie du die Zeit wahrnimmst, hängt nur von dir ab. Der qualitative Zeit-aspekt bestimmt noch dazu den Wirkungsgrad all deiner Bemühungen. „Buddha"-erfüllte Tätigkeiten lassen sich in Zeiten mit Buddha-Qualität einfach viel leichter umsetzen. Und kosten noch dazu weniger Kraft. Das beginnt schon beim Schwimmen im Freien. Natürlich kannst du dich auch im Winter fröstelnd in die Fluten des Freibades schmeißen. In sommerlicher Hitze macht das aber wahrscheinlich noch mehr Spaß.

Wenn du die entsprechende Zeitqualität auch in anderen Angelegenheiten erkennen lernst, kannst du deine Pläne weitaus entspannter verwirklichen. Manche Vorhaben lassen sich überhaupt nur zu speziellen Zeiten umsetzen. Dafür solltest du ein Feingefühl entwickeln. Dann gehen die Dinge viel leich-ter von der Hand.

So kann man auch mitten in der Nacht ein romantisches Picknick im Wald genießen. Im frühlingshaften Sonnenschein ist das aber meist noch schöner. Ich habe am Strand von Miami Beach auch schon inspirierende Gespräche über den Sinn des Lebens geführt und in Gaspoldshofen eine wilde Nacht durchgezecht. In den Clubs von Miami fiel mir das aber bedeutend leichter.

Übung: An der Zeit!

Überlege dir bei bestimmten Vorhaben immer wieder die zeitlichen Voraussetzungen. Ist es überhaupt an der richtigen Zeit? Orientie-rungshilfe kannst du bei der erweiterten Tabelle „Wanted: Buddha & Rock'n'Roll" auf Seite 32 finden.

Stimmen die jeweiligen Qualitäten deines Vorhaben mit den zeitlichen Gegebenheiten überein, wird die Sache viel leichter gelingen.

Ansonsten kannst du entspannt abwarten. Will es dein Sturkopf aber trotzdem versuchen, musst du improvisieren. Bring einfach ein wenig mehr „Buddha" in Rock'n'Roll-dominierte Zeiten. Oder umgekehrt.

So habe ich mir mit fetziger Musik und gelegentlichen Tanzeinlagen sogar in nächtlicher Vereinsamung des Buch-Schreibens meine Begeis-terung leicht aufrechterhalten können.

Zeitpiraten

Mit deinem Bewusstsein kannst du die Zeit leicht verändern. Du kannst sie strecken und beschleunigen, wie immer du es willst. Wenn du die Zeit strecken willst, weil du wieder einmal das Gefühl hast, dass alles viel zu schnell geht, kannst du dich auf die schönen Dinge im Leben konzentrieren. Und die schönsten Dinge sind meist auch die wichtigen.

Übung: Die Zeit strecken

Meistens versucht man durch ausgefeilte Zeitplanung nur noch mehr dringende Angelegenheiten unterbringen zu können. Da hast du sicher Wichtigeres zu tun.

Definiere deine wichtigsten Lebensziele für jede einzelne Woche, und zwar in jedem Lebensbereich. So solltest du zumindest ein Ziel definieren, das du in nächster Zeit in den sieben Bereichen Familie, Freunde, Beruf, Gesundheit, Persönlichkeitsentwicklung, Unterhaltung und Muße-Stunden umsetzen willst.

Zu jedem der hohen Ziele definierst du dann ein entsprechendes Vorhaben, das du in der kommenden Woche erledigen willst.

Ordne jedes Vorhaben dann einem konkreten Wochentag zu und lasse dich durch keine noch so dringende Aufgabe davon abhalten. Der Termin ist ausschließlich für dich reserviert.

Wenn du hingegen das Gefühl hast, dass sich die Zeit bis zur nächsten Party endlos dahinzieht, kannst du sie leicht beschleunigen.

Übung: Beschleunigung

Richtest du die Aufmerksamkeit eher auf die dringenden Aufgaben, wird die Zeit gleich viel schneller vergehen. Widme dich aber ruhig auch einmal mehr den unspektakuläreren Dingen, die du sonst gerne aufschiebst. Du kannst die Wohnung ausmisten, deine Dokumente und CDs ordnen oder längst fällige Rechnungen einzahlen. Hauptsache, du nützt die Zeit. Dann vergeht sie auch schneller.

Mit voller Emotion und Hingabe zu leben, heißt aber vor allem seinen innersten Visionen und Herzenszielen zu folgen. Dann spielt die Zeit überhaupt keine Rolle mehr. Das funktioniert mit Raum und Materie genauso gut. Hast du erst einmal Zugang zu deinen Herzenszielen und innersten Träumen gefunden, kannst du alles transformieren. Dann hatte Pippi Langstrumpf also recht: „Ich mach mir die Welt, widiwidiwie sie mir gefällt!"

Schein und Sein

Um die Welt zu verändern, musst du sie aber zuerst einmal verlassen. Von außen sieht man einfach besser. Die moderne Wissenschaft dreht sich im Kreis. Da werden Dinge analysiert und erforscht, die das rationale Denken bei weitem übersteigen. Alles wird in Hypothesen verpackt. Um bald schon wieder von neuen Theorien abgelöst zu werden. Dinge, die unsere Vorstellung übersteigen, kann man mit kopflastig-wissenschaftlichen Methoden einfach nicht erfassen.

Die Skala stimmt nicht. Du würdest ja auch nicht auf die Idee kommen, räumliche Abstände mit einem Thermometer zu messen. Kopflastig und rational zu entscheiden, kann zwar manchmal ganz praktisch sein: zum Ausfüllen eines Parkscheines oder für die die Mathe-Hausübung zum Beispiel.

Die wirklich weltbewegenden Erkenntnisse kommen aber meist von Menschen, die viel unkonventioneller an die Sache herangehen. Von Verrückten, Spinnern und Träumern.

Für Träumerei bleibt heutzutage aber meist keine Zeit. Dabei ist im Traum alles noch viel aufregender: Da kann man fliegen, durch Wände gehen und die Olympischen Spiele gewinnen. Obwohl wir ruhig in unseren Betten liegen, kämpfen wir tapfer gegen scheußliche Ungeheuer, heiraten Prinzen und Prinzessinnen und ruhen uns zwischendurch in goldenen Palästen aus. Erst das Klingeln des Weckers holt uns wieder in die Realität zurück.

Niemals würden wir auf die Idee kommen, dass unsere reale Welt auch bloß ein Traum sein könnte. Im Traum erscheint die Wirklichkeit doch auch realistisch. Man spürt die zärtlichen Umarmungen von Prinzen und Prinzessinnen genauso real, wie man den Mundgeruch abscheulicher Ungeheuer riechen kann. Obwohl man gerade im Bett liegt.

Du kannst die Grenzen leicht sprengen. Träume sind weder Schäume noch verdrängte Botschaften und eingebildete Gefühle. Und sind mindestens so real wie die scheinbare Wirklichkeit der Realität.

Traum und Wirklichkeit hängen noch dazu voneinander ab. Negative Erfahrungen und Ärger während des Tages bringen meist auch entsprechende Albträume mit sich. Läuft alles nach Plan, können wir uns schöner Träume fast schon sicher sein. Das haben die Schlafforscher längst erkannt. Auch, dass Stress und Angst ein dankbarer Auslöser beklemmender Träume sind, ist allgemein bekannt. Da kann es hilfreich sein, seine Träume ein wenig genauer unter die Lupe zu nehmen. Dann kann man die Wirklichkeit auch leichter verändern.

Übung: Traumbuch

Meist träumen wir ungleich öfter, als wir uns erinnern. Dabei gehen wertvolle Infos verloren. Du solltest daher deinen Träumen mehr Aufmerksamkeit schenken. Am besten schreibst du sie gleich auf.

Mitschrift

Lege dir vor dem Einschlafen einen Block und Schreibzeug auf das Nachtkästchen. Sobald du aufwachst, kannst du dann deinen Traum aufschreiben. Versuche so genau wie möglich vorzugehen. Beschreibe deine Gefühle, die konkrete Handlung und die Rolle, in die du geschlüpft bist. Das kann Hinweise darauf geben, wer du in der anderen Wirklichkeit sein willst. Auch Skizzen sind hilfreich. Du solltest das aber konsequent angehen – je mehr Träume du aufschreibst, umso besser. Dann lassen sich Tendenzen erkennen.

Happy End

Umgekehrt kannst du damit aber auch Albträume und träumerische Schreckensszenarien zum Guten wenden. Dazu suchst du dir für einen immer wiederkehrenden bösen Traum ein „Happy End". Du kannst dir zum Beispiel bildlich vorstellen, wie du gemeinen Verfolgern mit spektakulärsten Kampfsprüngen den Garaus machst. Aber auch eine vorgestellte Sicherungsleine kann dich vor träumerischen Klippenstürzen bewahren. Stell dir das Happy End untertags immer wieder bildlich vor. Dann wird es auch schon bald im Traum eintreten.

Das Aufschreiben deiner Träume solltest du dir zur Gewohnheit machen. Dann kannst du über Traum und Wirklichkeit bestimmen.

Diese Meister-Stufe nennt man luzides Träumen – das Klarträumen. Schein und Sein verschmelzen dabei zur perfekten Einheit und Träume werden Wirklichkeit. Man schläft zwar, weiß es aber auch und kann genau bestimmen, was im Traum passiert. Es erscheint dabei ja auch alles völlig real. Mit einem Unterschied: Die einengenden Grenzen und physikalischen Gesetze des „realen" Alltags existieren nicht mehr. Dann kann man durch die Lüfte fliegen und tun, was man will. Man kann dabei sogar Fertigkeiten erlernen und sich im Schlaf weiterbilden.

Und bald schon wird das Leben zu einem einzigen Traum.

Lebens-Künstler

Nimm dir immer wieder bewusst Zeit für Träumereien. Das heißt nicht, dass man keine Erlagscheine mehr ausfüllen muss und die vier Grundrechenarten verlernt. Natürlich kann man auch einer Arbeit nachgehen, die rationale und analytische Höchstleistung fordert. Betrachte dein Leben aber immer auch als Gesamtkunstwerk. Und halte an deinen Träumen fest. Aus den bunten Farben eigener Schwärmerei und den Schattierungen der Realität entsteht dann das bunte Gemälde eines traumhaften Lebenslaufs. Deine verträumte Kreativität kannst du sogar zur Bewältigung von alltäglichen Problemen nützen.

Übung: Kunst-Werk

Du brauchst dazu ein großes Blatt Papier, viele bunte Stifte und deine Lieblings-CD. Dreh die Musik laut auf, und beginne wahllos alles aufzuschreiben, was dir zu dem gewählten Thema einfällt. Kümmere dich nicht um irgendwelche Reihenfolgen, Zusammenhänge oder Wertigkeiten – schreib einfach munter drauf los und wechsle die Farben, sooft du willst. Du kannst gerne auch kleine Zeichnungen und Skizzen einfügen.

Dann kannst du die einzelnen Begriffe und Bilder mit Pfeilen verbinden. Verbinde einfach alles, was irgendwie zusammenhängen könnte.

Nach einer kleinen Pause solltest du nochmals einen Blick auf dein Kunstwerk riskieren. Lösungen und Zusammenhänge erscheinen dann oft viel klarer.

Diese Technik wird „Mind Mapping" genannt und verbindet deine kreative Kraft mit den analytischen Fähigkeiten.

Um deine Inspiration und Kreativität zu erhöhen, solltest du dich regelmäßig auf den „Weg des Künstlers" begeben. Du kannst Ausstellungen und Konzerte besuchen, schöne Geschichten und Gedichte lesen oder auch gleich selbst aktiv werden. Trau dich! Kein Meister ist je vom Himmel gefallen. Wenn du singen willst, dann singe. Willst du malen, dann schnapp dir einen Pinsel und fang einfach an. Halte dich nicht zurück – am Ende bereut man nur die Dinge, die man nicht gemacht hat. Natürlich musst du dich dabei nicht unbedingt an historisch klassischen Künstlern orientieren. Graffiti, Pop-Art und der Sound eigener DJ-Remixes ist mindestens genauso gut geeignet.

Meistens hängen unsere aktuellen Träume aber auch stark von der momentanen Situation ab. Und im Moment haben wir fast immer zu wenig Kohle. Bei der Auswahl deiner Träume solltest du die lästigen Finanzierungsgespräche aber überspringen – die halten dich nur unnötig auf.

Übung: Die 50-Millionen-Dollar-Frage

Du sitzt mitten in einer der beliebten TV-Quiz-Sendungen. Den Publikumsjoker und die 50/50-Chance hast du längst verbraucht. Der Moderator holt noch einmal tief Luft und stellt dir die letzte und alles entscheidende Frage: „Wenn du jetzt 50 Millionen Dollar geschenkt bekommst – was genau würdest du dann in drei Jahren tun?"

Die Frage ist hinterhältig. Natürlich fallen dir Tausende Möglichkeiten ein, die Scheine auf der Stelle unter die Leute zu bringen. Aber was kommt dann nach den unzähligen Weltreisen, Champagnerpartys und Einkaufshysterien? Was würdest du in drei Jahren tun?

Wenn du die Frage mit „Eigentlich würde ich genau das tun, was ich jetzt auch gerade mache – vielleicht nur ein wenig entspannter" beantwortest, bist du bereits ein echter Glückspilz. Die meisten aber würden das viele Geld dazu verwenden, ihr Leben grundlegend zu verändern. Würden sich von nichts sagenden Jobs und nörgelnden Vorgesetzten verabschieden, um endlich das zu tun, wovon sie schon immer geträumt haben. Insgeheim haben sie ihre Träume meist sowieso schon genau definiert und warten nur noch auf die große Chance, sie endlich zu verwirklichen. Vielleicht bist du da auch fleißiger und arbeitest schon hart an der Erreichung deiner Zielen. Das kann mitunter zu großen Problemen führen.

Die Zeiten haben sich geändert. Niemand will heute mehr Lokomotivführer, kaufmännischer Angestellter oder Sekretärin werden. Eine ganze MTV-Generation träumt vom glamourösen Lebens als Star und Starlet. Von großen Villen, sprudelnden Whirlpools und goldenen Kreditkarten. Die Chancen stehen aber nicht gerade gut. Nur wenige schaffen es auf Bühne und Laufsteg. Die Anzahl der „Leider nein"-Kandidaten übersteigt die Ziffer der Cover-Models um ein Vielfaches. Was den meisten bleibt, ist der blanke Frust. Und die Selbstvorwürfe noch dazu. Vielleicht hat man nur nicht fest genug an sich geglaubt. Manche finden sich dann geknickt mit einem Leben in der zweiten Reihe ab. Andere kämpfen verbissen weiter – mit allen Mitteln. Du bleibst einfach nur cool.

Immer cool bleiben

Cool sein hat aber nichts damit zu tun, teilnahmslos in der Gegend herumzulümmeln und sich an eigener Null-Bock-Lethargie zu erfreuen. Echt cool sind aber auch nicht die, die verbissen ihren höchsten Zielen hinterherlaufen. Das verkrampft nur. Außerdem kann man dann das Leben gar nicht mehr richtig genießen. Man träumt nur noch vom großen Wurf und weiß den unperfekten Augenblick gar nicht mehr zu schätzen. Cool ist, wer beide Pole verbinden kann: Einerseits nach hohen Zielen zu streben und selbstbestimmt seinen Träumen zu folgen. Wer wäre nicht gerne ein Star? Gleichzeitig gilt es aber auch die momentane Situation – so schwierig die auch gerade sein mag – zu genießen.

Der aufsteigende Pfeil:
Himmel = Streben nach den Zielen,
Rock 'n' Roll, Baby!

Der absteigende Pfeil:
Erde = Akzeptieren der momentanen
Situation, Buddha-Geist!

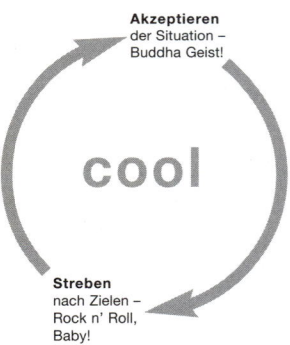

Coolness verläuft sich also nicht in lauwarmer Mittelmäßigkeit. Sie erstrahlt im Spannungsfeld von heißblütigem Streben und genügsamem Akzeptieren. Schließlich ergibt sich die angenehme Wassertemperatur beim Händewaschen auch nur aus dem richtigen Verhältnis von Kalt und Heiß. Sei heiß wie Lava und kühl wie ein Eislutscher aus dem Tiefkühlfach! Bleib immer cool!

Ein kleiner Tipp: Mit Coolness verhält es sich genauso wie mit der Erleuchtung: Wer behauptet es zu sein, ist meilenweit davon entfernt.

Träume & Schäume

Wenn du richtig cool bleibst, werden fast alle Träume in Erfüllung gehen. Zumindest aber das, um was es dir in Wirklichkeit geht. Vielleicht wirst du kein umjubelter Star, der ganze Promi-Kolumnen alleine dadurch füllen kann, wenn er aufs Klo geht. Aber was zählt das schon. Manche haben scheinbar alles erreicht und stehen ständig in der Zeitung. Und sind trotzdem unglücklich. Die Anwesenheitsliste der Entzugskliniken und Psychotherapie-Anstalten liest sich oft wie das „Who is who" aktueller Klatschspalten.

Prominenz alleine hat noch niemanden wirklich glücklich gemacht. Glücklich ist man oder man ist es nicht. Du solltest dich also viel weniger um Applaus und Blitzlicht bemühen. Konzentriere dich lieber voll auf dich selbst.

Übung: Zielgenau

Definiere deine Ziele und Träume nicht bloß von dem, was du im Außen erreichen und sein willst. Gehe dabei lieber von innen nach außen vor.

Besser ist es, wenn du dir zuerst bewusst machst, wie du dich dabei fühlen wirst, wenn sich deine Träume erfüllen. Suche nach den innersten Beweggründe und Lebenswünschen – am besten schreibst du sie gleich nieder und hängst sie irgendwo auf. Das zeigt, um was es dir eigentlich geht. Welche Bedürfnisse hinter deinen Träumen und Zielen eigentlich stecken. Das lässt sich relativ leicht verwirklichen.

Träumst du beispielsweise davon, wie du als Rockstar die Bühne erobern wirst oder als Held und Heldin die Welt retten willst, solltest du dich zuerst nach den wahren Beweggründen dahinter fragen. Vielleicht willst du endlich einmal im Mittelpunkt stehen oder für deinen selbstlosen Einsatz bewundert werden.

Dafür gibt es viele Möglichkeiten: Erstens stehst du sowieso immer im Mittelpunkt. Immerhin ist das Universum unendlich groß und jeder beliebige Punkt kann so als momentaner Mittelpunkt betrachtet werden. Du kannst also gar nicht anders, als dauernd im Mittelpunkt zu stehen.

> *Die Position kannst du zusätzlich stärken, indem du auf die Meinung*
> *anderer pfeifst und einfach tust, was du schon immer einmal tun woll-*
> *test. Möglichkeiten dazu findest du sicherlich genügend. Vielleicht*
> *gleich morgen im Karaoke-Schuppen.*
> *Und zweitens kannst du deinen selbstlosen Einsatz auch im Alltag*
> *beweisen. Melde dich freiwillig zur Rettung oder starte ein Hilfsprojekt*
> *für Blinde.*
> *Träumst du aber von einem unbeschwerten Leben als Millionär, ist das*
> *vielleicht nur ein versteckter Hinweis auf deinen Wunsch nach mehr*
> *Freiheit und Unabhängigkeit. Die kannst du auch billiger haben.*
> *Du kannst beispielsweise deinen Job kündigen und dich selbständig*
> *machen. Oder du suchst dir einen anderen Job, der zwar weniger ein-*
> *bringt, aber dir viel mehr Freude macht.*

Auf diese Weise kannst du zum Wesen deiner Träume vordringen und deine wahren Bedürfnisse erkennen. Außerdem hält es dich flexibel.

Ziele ändern sich. Träume auch. Was gestern noch ein Traum war, ist morgen vielleicht schon ein Albtraum. Bleib also flexibel und klammere dich nicht zu sehr an fixe Vorstellungen. Das schränkt dich nur ein.

Vielleicht wirst du später einmal nicht als Model und Miss über den Laufsteg stolzieren. Und stattdessen als Designerin in der Modebranche die Fäden ziehen. Und deinen Traum von Mode und Glamour verwirklichen können, ohne von den abwertenden Kommentaren geiler Jury-Pensionisten und Fotografen-Machos abhängig zu sein.

Vielleicht wirst du später auch keinem Weltkonzern vorstehen. Wirst aber ein kleines Café führen und dabei viel freier und unabhängiger sein als jeder Top-Manager, der sein ganzes Leben dem Bilanz-Plansoll unterordnen muss. Hauptsache, du fühlst dich gut.

Wenn du dabei auch anfangs einige Entbehrungen in Kauf nehmen musst, so kannst du jederzeit auf die Matrix vertrauen. Mehr Buddha wird immer auch mehr Rock'n'Roll mit sich bringen. Eine Sache, die du mit Freude, Hingabe und Überzeugung angehst, wird dich mit Sicherheit auch irgendwann zum äußeren Erfolg führen. Du wirst deinen Erfolg dann auch richtig genießen können. Und nur darauf kommt es an!

Feierabend

Beim Feiern kann man sich für eine kurze Zeit leicht von der Schwerkraft des Alltags befreien. Heutzutage haben die Menschen das Feiern oft verlernt. Hängen gelangweilt im Lokal herum und reden wieder über den Job. Selbst offizielle Feiertage werden meist in erschöpfter Agonie eines Workoholics über die Runden gebracht.

Dabei gibt es unendlich viele Anlässe zum Feiern. Alleine der Umstand, dass du am Leben bist und regelmäßig Luft bekommst, sollte Grund genug sein – feiere dein Leben! Manchmal kann das ruhig auch intensiver ablaufen.

In durchtanzten Nächten wurde schon so mancher Traum geboren. Entscheidend ist nur, dass du dabei auch alle alltäglichen Sorgen, Verpflichtungen und Konventionen beiseite legst, deine Arbeit vergisst und einfach nur die Leichtigkeit des Augenblicks genießen kannst. Dann kannst du gemeinsam mit anderen träumen, lachen, singen und tanzen – wenn es sein muss auch die halbe Nacht.

Butter aufs Brot

Rechnungen und Erlagscheine sind aber oft realer als man sich das so erträumt hat. Jeder muss einem Broterwerb nachgehen. Und der ist nicht immer spannend. Die meisten Jobs strotzen nicht gerade vor Glamour und Abenteuer. Trotzdem braucht man sie – schließlich geht's ohne Kleingeld nicht. Um deine Lebensfreude aber aufrecht zu erhalten, musst du auch eine innere Motivation für deinen Job finden. Das ist nicht immer leicht. Auch der langweiligste Job birgt dazu eine Chance in sich – man muss sie nur finden.

Übung: Wohltäter

Versuche immer den höheren Nutzen deines Jobs oder eines ungeliebten Projektes zu finden. Was macht deine Arbeit für andere wertvoll? Als Gebrauchsgrafiker verschönerst du die Welt, trägst als Straßenkehrer zum globalen Umweltschutz bei und ermöglichst als Küchenhilfe im Haubenlokal die lukullischen Genüsse der politischen Oberschicht. Vielleicht regieren sie ja dann vernünftiger.

Du kannst als Bademeister über die Sicherheit und das Vergnügen der Kinder wachen, als Fahrradbote die globale Kommunikation und interkulturelle Verständigung unterstützen oder als Klofrau für ein entspanntes und erleichtertes Miteinander sorgen.

Leitest du ein Team, dann solltest du diese inneren Beweggründe auch auf deine Mitarbeiter übertragen können. Das eint die Kräfte.

Am besten ist es, wenn sich deine innerste Motivation auch mit den Unternehmenszielen deines Arbeitgebers deckt. Dann kannst du die Welt ein wenig lebenswerter machen und gleichzeitig deine soziale Absicherung aufbauen. Zumindest vorübergehend. Die Zeiten, wo man als junger Lehrling in einem Unternehmen startete und sich dort als ergrauter Pensionsempfänger verabschiedet, sind längst vorbei. Baue dir daher unbedingt auch immer ein zweites Standbein auf. Du kannst Kurse und Seminare besuchen, dich weiterbilden und in deiner Freizeit viele Zusatzqualifikationen erlangen. Sollte es mit deinem Brötchengeber dann einmal bergab gehen, hast du bestimmt keine Schwierigkeiten, einen neuen Job zu finden. Um vielleicht sogar von einem interessanten Job zum nächsten surfen. Oder du entscheidest dich gleich für die berufliche Selbständigkeit. Dann musst du zwar auf bezahlte Urlaube und Krankenstände verzichten und wahrscheinlich auch einige Jahre rackern. Selbständig zu sein heißt mitunter auch ständig selbst zu arbeiten. Du bist dann aber deines eigenen Glückes Schmied, bist befreit von fragwürdigen Entscheidungen deiner Vorgesetzten und wirst im Chefsessel in deine strahlende berufliche Zukunft abheben. Und wenn du deine Passion auch noch zum Beruf machen kannst, musst du eigentlich über-

haupt nicht mehr arbeiten. Job und Leidenschaft werden perfekt verschmelzen.

Du kannst dich aber ruhig auch in kleineren Schritten deinen Zielen
nähern.

Übung: Nur ein Tropfen ...

*Widme dich jeden Tag für eine bestimmte Zeit ausschließlich der Ver-
wirklichung innerster Ziele und Träume. Und zwar wirklich jeden Tag.
Wie voll dein Terminkalender auch sein mag, fünf Minuten findest du
sicher. Nimm dir die Zeit – am besten trägst du sie als Fixtermin mit
höchster Priorität in deinen Kalender ein. Erweitere diese Zeit dann
wöchentlich um nur fünf Minuten.*

*Nach nur drei Jahren wirst du bereits 13,5 Stunden pro Tag an deinen
Traumzielen basteln. Dann wirst du nichts eigentlich fast nichts anderes mehr tun müssen. Und deine Ziele bald erreichen.*

Trotzdem solltest du niemals mit dem Träumen aufhören. Sonst lastet ein
schwerer Fluch auf deinen Schultern, der dich in die Abgründe des Verder-
bens zieht: „Mögen all deine Träume in Erfüllung gehen!", lautet der Fluch.

Wenn alle Träume in Erfüllung gegangen sind, wofür würde es sich dann
noch zu leben lohnen? Hüte dich vor dem Fluch und: Träum immer schön
weiter!

AC/DC live – Rock your Life!

Wie du mit dem VIP-Ticket beim heißesten Gig aller Zeiten abgehst und dort Aphrodite abschleppst

Der Shaolin-Mönch im Coffeeshop

Jetzt kann es endlich losgehen! Oder hast du keine Kraft mehr? Na gut, das Leben verlangt einem oft auch alles ab. Man fühlt sich ausgebrannt und antriebslos. Eine ganze Generation ist auf der Suche nach verloren gegangener Energie. In den Kühlregalen stapeln sich die Energy-Drinks und täglich eröffnet ein neuer „All American Coffeeshop". Allerdings wirken die meist nur kurzfristig. Danach fühlt man sich nur noch schlapper. Und der vierfache Espresso hilft bald auch nichts mehr.

Wir haben den Zugang zu unserer innersten Kraftquelle längst verloren. Kein Wunder. Alleine beim Wort „Lebensenergie" stellt es den meisten modernen Menschen schon die Nackenhaare auf. Der Begriff wurde in letzter Zeit auch ziemlich überstrapaziert. Da gibt es geheime Energie-Wässerchen, sauteure Energie-Amulette und manchmal auch blaue Energiesocken aus tibetanischen Bergen. Klingt ja irgendwie sogar interessant, und chinesische Mönche, die sich im Energie-Rausch Eisenplatten auf dem Kopf zertrümmern, haben auch ihre Faszination. Doch mit dem Alltag lässt sich das einfach nicht vereinbaren. Da bleibt keine Zeit für Yogi-Tee, Shaolin-Gebete und komplizierte Übungsreihen chinesischer Kaiser.

Dabei kann der Umgang mit Energie durchaus eine äußerst kurzweilige Angelegenheit sein.

Die Kontrolle deiner eigenen Lebensenergie wird:

➤ *Deine innerste Kraft aktivieren*
Du wirst erstaunt sein, zu welch übermenschlichen Leistungen du fähig bist

➤ *Deine Ausstrahlung verbessern*
Du wirst alleine durch deine Anwesenheit die volle Aufmerksamkeit auf dich lenken

➤ *Dich inspirieren*
Du wirst Zugang zur Bibliothek universeller Weisheit bekommen

➤ *Dich entfesseln*
Du wirst auch die alltäglichsten Aufgaben mit voller Leidenschaft und Freude meistern

➤ *Deine Aufmerksamkeit steigern*
Du wirst klar und gelassen die richtigen Entscheidungen treffen

➤ *Reserven schaffen*
Wenn es einmal darauf ankommt, kannst du Krisenzeiten und Zeiten erhöhter Belastung leicht durchstehen

➤ *Körper und Geist wappnen*
Du wirst deine gute Laune erhalten und dich vor Krankheit schützen können

➤ *Deine Durchsetzungskraft erhöhen*
Du wirst mit voller Energie deine Ziele verwirklichen

➤ *Deinen sechsten Sinn erwecken*
Du wirst deine Wahrnehmung für übersinnliche Phänomene und fremde Energiefelder entwickeln

Dabei brauchst du die Energie gar nicht irgendwo zu suchen. Jeder Mensch hat die volle Energie bereits in sich. Ein Shaolin-Mönch genauso wie du und ich. Wir müssen sie einfach nur aktivieren. Und das ist gar nicht schwer. Dazu muss man sich nicht andauernd von Miso-Suppe und grünem Tee ernähren.

Es ist längst genügend Energie vorhanden. Der Stuhl, dein Nagellack, lachen, tanzen, bumsen, weinen, singen sind nichts als pure Energie. Und wenn dann auch noch unser eigenes Denken so etwas wie reine Energie ist, dann kannst du deine volle Kraft auch leicht aktivieren – mindestens so eindrucksvoll wie ein Shaolin-Mönch oder wie Batman.

Energie folgt immer deinem Bewusstsein. Wenn du deine Gedanken erst richtig einsetzen lernst, dann steht dir sofort die volle Ladung zur Verfügung. Dazu muss man weder allen weltlichen Vergnügungen entsagen noch in ein südchinesisches Kloster ohne Warmwasser einchecken. Das funktioniert überall – auch im Designerhotel und in der Einkaufsstraße. Es funktioniert immer. Sogar zur After-Hour.

Der Gig deines Lebens

Für die universelle Lebensenergie gibt es viele Namen. In China als Chi bezeichnet, fließt die gleiche Energie in Japan als Ki und in Indien als Prana durch unser wildes Universum, um auf unzähligen Energiebahnen – den so genannten Meridianen – sogar den menschlichen Körper zu durchfluten. Außerdem umgibt dich dein eigenes Energiefeld wie ein Schutzmantel. Die Lebenskraft wird dabei von drei Hauptenergie-Zentren gesteuert. Sie bestimmen alleine über den freien Fluss und die volle Entfaltung deiner inneren Kraft.

Das geschieht aber nur dann, wenn du auch alle drei Zentren nützt. Du kannst dir die Lebensenergie auch als heißes Rock-Konzert vorstellen, das mitten in deinem Körper stattfindet. Sei dabei! Mit dem Buddha & Rock 'n' Roll „VIP Backstage Pass" bekommst du Zugang zu allen Bereichen des Gigs. Und kannst voll abgehen.

1st Zone – Control Patrol

Zuerst musst du natürlich am Eingang vorbei. Dein Ticket wird genau überprüft und die Security überzeugen sich mit einem Blick auf deine Pupillen, ob du noch nüchtern genug bist. Ordnung muss sein. Dieser Bereich liegt genau zwischen deinen Ohren. Im Leben zwischen den Konzerten ist dieser Bereich der klaren Konzentration und höchsten Aufmerksamkeit gewidmet.

Neben der vollen Aufmerksamkeit musst du aber auch noch deine Konzentration verbessern, wenn du mit Klarheit die erste Kraftquelle erschließen willst. Du musst deinen Geist nur dahin lenken, wo du die Energie am meisten brauchst. Und Energie brauchst du sicherlich gerade jetzt!

Also bring deinen Geist ins „Jetzt"! In der Gegenwärtigkeit liegt wieder einmal der Schlüssel zur vollen Kraft. Die Gebrauchsanleitung dazu kannst du im Kapitel „Wer früher lebt, ist später tot" nachschlagen.

Deine Aufmerksamkeit zu konzentrieren, heißt aber nicht, sie räumlich einzuschränken. Oder sie unbedingt nur einer einzigen Tätigkeit widmen zu müssen. Im Alltag ist es oft notwendig, dass du eine Vielzahl von Tätigkeiten gleichzeitig ausführen kannst. „Multitasking" wird diese Eigenschaft im modernen Management genannt und unterscheidet die Elite von den Mitläufern. Konzentriere deine Aufmerksamkeit daher nicht räumlich auf irgendwelche Gegenstände. Fokussiere sie lieber zeitlich. Auf das „Jetzt!". Dann kannst du ruhig auch 200 Dinge gleichzeitig erledigen – aber gegenwärtig.

2nd Zone – Rock ya!

So, die Formalitäten wären damit erledigt – wird auch Zeit. Und nachdem du dich brav an den Warteschlangen vorbeigeschummelt hast, bist du endlich in der Konzerthalle. Dort geht die Post ab. Immerhin steht heute deine Lieblingsband auf der Bühne und rockt die Massen. Zu wilden Nummern wird entfesselt getanzt. Gefühlvolle Rock-Balladen animieren die begeisterte Menge zum gemeinsamen Träumen.

Diese Zone liegt in der Mitte deiner Brust und ist der Herzens-Energie gewidmet. Sie ist die Quelle des Mitgefühls, der Leidenschaft und des Wohlwollens. Aber auch wenn du mit voller Hingabe und Leidenschaft an die Dinge herangehst, wird dich die Herzenskraft stärken.

Halte dich nicht zurück. In vielen spirituellen Schulen und Energie-Seminaren wird ein energetischer Sparkurs proklamiert. Emotionen, Gefühlsausbrüche und Leidenschaft werden dabei penibel vermieden. Die Lehrer und Vortragenden strahlen dabei oft noch weniger Energie und Lebensfreude

aus als ihre einschläfernden Musikbegleitungen. Lebe mit voller Leidenschaft und Hingabe. Du kannst dann deine Energie jederzeit aktivieren und
in Fluss bringen. Und damit ruhig auch einmal Übermenschliches vollbringen. Ein spektakuläres Beispiel überzeugt in meinen Seminaren auch die
letzten Zweifler.

Übung: Das Lichtschwert der Jedi-Ritter

*Stelle dich gegenüber einem Übungspartner auf
und lege deinen gestreckten Arm auf seine
Schulter. Schließe die Hand zur Faust und
drehe den Handrücken nach unten.*

*Dein Partner versucht nun, mit aller Kraft
deinen Arm zu beugen. Du hältst dagegen.
Wahrscheinlich wird es ihm bald gelingen,
dein Arm wird einknicken.*

*Dann lockere dich ein wenig und nimm die
Ausgangsstellung wieder ein. Jetzt hältst du
deine Hand aber geöffnet und bringst ein
wenig Fantasie ins Spiel. Stell dir vor, dein Arm
sei ein Wasserschlauch. Von der Schulter fließt
Wasser mit hoher Geschwindigkeit zu deiner
Hand und spritzt in einem imaginären Wasserstrahl durch deine Fingerspitzen weit in den
Raum hinein –vielleicht sogar bis zur nächsten
Wand. Konzentriere deine Aufmerksamkeit
auf dieses Bild und entspanne dich dabei. Jetzt
versucht dein Partner erneut den Arm zu beugen. Er wird es nicht mehr schaffen.*

*Wenn du deine Aufmerksamkeit auf das Flie-
ßen des imaginären Wasserstrahls konzentrierst, hältst du locker auch dem stärksten
Druck stand. Und dabei fühlt es sich noch viel
leichter an, oder?*

Die Übung zeigt auf eindrucksvollste Art und Weise, wie unser Bewusstsein die Energie lenkt. Nur eine kleine Änderung unserer Aufmerksamkeit bringt die Lebensenergie in Fluss und setzt Kräfte frei, von denen wir vorher gar nicht zu träumen wagten. Energie folgt eben immer dem Bewusstsein!

Wenn man schüchtern einen Raum betritt und in Gedanken eigentlich lieber draußen geblieben wäre, dann wird der Auftritt wohl kaum vor Energie strotzen. Jemandem grüßend die Hand zu reichen und dabei an die Blondine vom Nebentisch zu denken, schafft wenig Freunde. Reichst du aber mit voller Aufmerksamkeit und Leidenschaft die Hand und blickst deinem Gegenüber dabei auch noch tief in die Augen, dann kannst du dir der verbindenden Wirkung sicher sein.

Deine neu gewonnene Energie solltest du daher auch sofort unter die Leute bringen.

Die folgenden Übungen aktivieren deine Herzensenergie und lösen Blockaden.

Übung: Heilendes Lächeln

Lege oder setze dich entspannt hin und schließe die Augen. Denke jetzt an ein freudiges und „herzerwärmendes" Erlebnis und – lächle dabei! Stell dir dann vor, wie sich dieses Lächeln durch deinen ganzen Körper ausbreitet, vom Kopf abwärts, in die Arme, den Oberkörper und die Beine.

Diese Übung kann neue Wege zu deinen Selbstheilungskräften eröffnen. Lachen veranlasst die Thymusdrüse, die in der Mitte der Brust liegt, zur Aktivität. Depressionen und Frust lässt sie schrumpfen. Die geheimnisvolle Thymusdrüse ist für die einwandfreie Funktion unseres Immunsystems zuständig und produziert die so genannten T-Helferzellen. Und die sind die Spezialeinheit zur Abwehr von Krankheiten. Humor kann demnach die stärkste Waffe im Kampf gegen Krankheit sein. Lachen hält gesund. Und hat noch dazu überhaupt keine Nebenwirkungen.

Gerade wenn du wieder einmal Zoff hast und alles schwarz siehst, wird die folgende Visualisierung helfen.

Übung: Frühlingsgefühle

Lege dich entspannt hin und schließe die Augen. Konzentriere dich jetzt auf den Bereich in der Mitte deines Brustbeins. Stelle dir dort eine kleine Knospe vor. Dann versuchst du dieser grünen Knospe deine volle Aufmerksamkeit und zu schenken. Am besten lächelst du ihr innerlich zu. Dein herzliches Lächeln wird die Knospe in deiner Brust zum Erblühen bringen. Dann entfalten sich sanft die weißen und rosaroten Blütenblätter und die Lotosblüte erblüht langsam über deinem gesamten Brustbereich. Lass dir ruhig Zeit.

Die Übung wird dich entspannen und von negativen Emotionen befreien. Deine Mitmenschen werden es zu schätzen wissen.

Die Energie deines Herzens kannst du am besten entwickeln, wenn du auf deine Mitmenschen achtest. Und ihnen Liebe, Aufmerksamkeit und Mitgefühl schenkst. Wenn du schon einmal das Gefühl erleben konntest, einem Kind beim Schlafen zuzusehen, weißt du, was ich meine.

Für Kinder zu sorgen kann dabei zur Meisterübung werden. Uneingeschränkte Liebe und volle Verantwortung werden dein ganzes Leben erstrahlen lassen. Wenn du keine eigenen Kinder hast, kannst du deine Liebe auch auf andere kleine Helden lenken. Neffen, Nichten oder Nachbarskinder werden es dir ewig danken.

Wenn du aber keine Kinder hast, magst, oder deinen Partner erst letzten Monat aus der Wohnung geworfen hast, kannst du deine Herzenswärme auch mit ein wenig Grünzeug erhalten.

Übung: Topfpflanzen-Blues

Besorge dir eine Topfpflanze, stell sie auf dein Fensterbrett und übernimm ab jetzt die volle Verantwortung für das zarte Geschöpf. Hege und pflege deine neue Mitbewohnerin mit vollster Hingabe. Manche berichten sogar von liebevollen Gesprächsrunden.

Leidenschaft, Liebe und Hingabe sollen dich begleiten!

3rd Zone – Master of Ceremony

Die Halle tobt. Während einer kurzen Pause richtest du deinen Blick auf das hintere Ende der Halle. Hoch oben kannst du dort, hinter einer Glasscheibe versteckt, den Regieraum erkennen. Dort sitzen die Ton- und Lichttechniker und kontrollieren das Spektakel mit unzähligen Knöpfen und Reglern. Außerdem kannst du den Manager der Band erkennen. Ein erfahrener und sympathischer Typ, der im Hintergrund die Fäden zieht.

Das dritte Zentrum deiner Superkraft liegt etwa eine handbreit unterhalb deines Nabels im Unterbauch. Es ist das Zentrum ursprünglicher Weisheit. In asiatischen Kulturen gilt der Unterbauch auch als Sitz der Seele und Zentrum der Intuition.

Auch bei uns spricht man ja oft vom „Bauchgefühl" und entscheidet dann „aus dem Bauch heraus". Man meint damit eine intuitive Entscheidungsfindung und eine Wahrnehmung, die rational gar nicht begründbar ist.

Zusammenhänge und Lösungen erscheinen dann plötzlich völlig klar, ohne rational erklärbar und wissenschaftlich abgesichert sein zu müssen. Das bringt Energie und echte Weisheit. Deshalb wurden die erleuchteten Buddhas früher auch immer symbolisch mit dickem Wanst dargestellt. Im Unterbauch entstehen aber auch echte Gefühle. Erinnere dich doch nur an das Bauchkribbeln beim ersten Kuss.

Das dritte Kraftzentrum ist auch der Manager der beiden anderen Bereiche. Es kontrolliert das Zusammenspiel der konzentrierten Aufmerksamkeit mit der gefühlvollen, leidenschaftlichen Herzens-Energie.

In unserer „kopflastigen" Welt strömt die Energie zum Großteil nur im ersten Zentrum. Manchmal geht aber auch die Leidenschaft mit uns durch. Dann werden mit einem Schlag alle Vorsätze, Überzeugungen und moralischen Werte über den Haufen geworfen. Frauen verfallen in leidenschaftliche Hysterie, Männer werden von ihrem Unterleib in den energetischen Overkill gezogen.

Das dritte Zentrum – Intuition und Weisheit – kontrolliert und koordiniert die beiden anderen. Und achtet penibel darauf, dass wir nicht unbedacht unsere ganze Kraft verpulvern. Damit der Kopf nicht glüht und die Leidenschaft nicht Leiden schafft.

Wenn du deine Intuition und ursprüngliche Weisheit voll entwickelst, hast du freien Zutritt zur Bibliothek des Universums und kannst deine Energie sinnvoll einsetzen. Am leichtesten gelingt dir das über das regelmäßige Atmen. Immerhin können wir einige Tage ohne Nahrung und Flüssigkeit überleben. Ohne Atmen jedoch kaum mehr als eine Minute.

Als Kinder haben wir noch unser volles Atempotenzial genützt. Wir haben mit jedem Atemzug in einer tiefen Bauchatmung Kraft gesammelt und konnten meist nur noch von hinterherkeuchenden Eltern vom Weiterspielen abgehalten werden. Diese Atmung hat man aufgrund von Fehlhaltungen und psychischem Stress leider oft verlernt.

Übung: Schwamm drüber

Am besten erlernst du die natürliche Bauchatmung über das Ausatmen. Stell dich aufrecht hin und lege beide Handflächen auf den Bauch. Beim Ausatmen ziehst du den Bauch sanft ein, so als würde sich ein mit Luft getränkter Schwamm in deinem Bauch zusammenziehen. Beim Einatmen entspannst du und lässt die Luft tief in den Unterbauch einströmen. So als würde sich der Schwamm wieder mit Luft vollsaugen. Dein Bauch wird sich dabei spürbar nach vorne wölben.

Übe diese Atemtechnik regelmäßig vor dem Einschlafen. Dann wirst du sie schon bald den ganzen Tag über beibehalten können. Und mit jedem Atemzug Kraft, Energie und Zuversicht tanken. Und Vertrauen zu deinem Bauchgefühl finden.

Auch die folgenden Übungen helfen, deine Aufmerksamkeit auf den Bauch zu lenken und so das Gleichgewicht zwischen Intellekt und Intuition herzustellen.

Außerdem sorgen sie für einen sexy Auftritt, wenn du das nächste Mal wieder zufällig am Straßencafé vorbeischlenderst.

Übung: Münzeinwurf

Mit der Übung aktivierst du das Zentrum deiner Intuition und sorgst für geistiges Gleichgewicht. Setze dich aufrecht hin und schließe deine Augen. Lenke deine Aufmerksamkeit jetzt auf den Unterbauch und stelle dir einen münzgroßen Punkt unterhalb deines Nabels vor. Versuche nun, diesen Punkt in Gedanken immer kleiner werden zu lassen.

Übung: Dein Auftritt

Die Übung fördert eine selbstbewusste, aufrechte Haltung und eine kraftvolle Bewegung. Beim Gehen lenkst du deine Gedanken wieder auf den Punkt im Unterbauch (Übung Münzeinwurf). Stelle dir vor, wie du diesen Punkt in der Bewegung nach vorne schiebst. Arme und Beine folgen entspannt der Bewegung dieses Punktes.

Volles Programm

Jetzt kennst du die geheimen Quellen echter Superheldenkraft und kannst sie jederzeit aktivieren. Dazu musst du weder komplizierte Asia-Choreografien und peinliche Atemtechniken erlernen noch in klösterlicher Abgeschiedenheit vereinsamen. Und anstatt nur einmal pro Woche im Tai-Chi- oder Yoga-Kurs zu üben, kannst du den ganzen Tag über trainieren. Noch besser: Du kannst jetzt jede noch so triviale und alltägliche Tätigkeit zum heißen Rock-Gig erheben. Und einen wahren Vulkan entfesseln. Du kannst dich am Bein kratzen, nackt im Wohnzimmer tanzen oder die Fenster putzen – die volle Ladung ist mit dir. Der kollektive Kraftstoß von geistiger Klarsicht, weiser Intuition und herzlicher Leidenschaft.

Selbst das banale Öffnen eines Fensters kann zur Energiearbeit werden. Du kannst aber ruhig auch wieder einmal die Materie überwinden.

Übung: Das Brett vor dem Kopf

Besorg dir ein Brett aus Fichtenholz – so um die 30 mal 30 Zentimeter groß und etwa 2–3 Zentimeter dick. Dann bitte einen Partner, das Brett festzuhalten, und lege deinen Handballen an die Oberfläche. Jetzt aktivierst du die volle Ladung: Beobachte deinen Atem und bring deinen Geist in die Gegenwart. Atme tief in den Bauch und aktiviere deinen Ruhepol an Intuition. Dann visualisiere einen Wasserstrahl, der mit hoher Geschwindigkeit aus deiner Hand strömt – weit über das Brett hinaus. Hohl kurz Schwung und zerschlag das Brett.

Wenn du alles richtig gemacht hast, dann wirst du das mit Leichtigkeit schaffen. Wenn nicht: Leg dir ein wenig Eis auf die Hand und versuch es übermorgen noch einmal.

Versuche im Alltag immer auf den harmonischen Dreiklang der drei Energiezentren zu achten. Was immer du auch machst, tu es mit Hirn, Herz und Bauch. Die Kraft ist dann mit dir!

Starkstrom

Du solltest aber bei aller Leidenschaft auch immer den regenerierenden „Buddha"-Faktor im Auge behalten. Und zwischendurch immer wieder deine Akkus aufladen.

Übung: Kreislauftropfen

Diese Übung bringt deinen Energiekreislauf wieder auf Touren und lässt sich überall ausführen – sogar in der U-Bahn. Du benützt dazu wieder deine Vorstellungskraft, um den Energiefluss zu aktivieren. Lege die Zunge am oberen Gaumen an – die Zungenspitze berührt die Hinterseite der Schneidezähne. Das schließt den Schaltkreis. Atme durch die Nase tief ein und aus. Visualisiere deine Lebensenergie, wie du sie dir am leichtesten vorstellen kannst: als Licht, Strom, Wasser oder vielleicht als sanftes Kribbeln.

Stelle dir dann bildlich vor, wie beim Einatmen die Energie an der Rückseite nach oben fließt – und zwar genau in der Mitte über deiner Wirbelsäule.

Die Energie fließt vom Steißbein über den Rücken, den Nacken bis zum höchsten Punkt des Kopfes. Beim Ausatmen lässt du die Energie in Gedanken an der Vorderseite wieder abwärts fließen – über die Nasenspitze, das Brustbein, den Nabel bis zum Schambein. Wiederhole diesen Kreislauf, so oft du willst – einige Minuten wirken oft schon Wunder. Die Übung wird deinen Energiefluss aktivieren und Körper wie Geist beleben.

Willst du hingegen runterkommen und brauchst Ruhe und Entspannung, kannst du mit der gleichen Übung punkten. Allerdings musst du dann die Flussrichtung ändern. Beim Einatmen an der Vorderseite nach oben – beim Ausatmen an der Rückseite abwärts.

Der Zaubertrank des Miraculix

Heutzutage richtet man den Blick gerne auf exotisch-asiatische Systeme zur Energieaktivierung. Traditionell asiatische Übungssysteme wie Qi Gong und Tai Chi sorgen durch Atemtechniken und sanfte Bewegungen für einen harmonischen Qi-Fluss. In Yoga-Verrenkungen wird die Prana-Energie gesteigert.

Dabei wirken die heimischen Übungssysteme oft noch besser. Wahrscheinlich sind sie gerade deshalb auch in unseren Breiten entstanden.

Die keltische Runengymnastik zum Beispiel ist in ihrer Wirksamkeit kaum zu überbieten. Von eingeweihten Druiden soll sie schon vor langer Zeit zur Aktivierung der vollen Energie verwendet worden sein.

Dann war der Zaubertrank des Asterix vielleicht gar keine Erfindung. Du musst damit ja nicht gleich Wildschweine jagen oder Legionäre verprügeln. Aber du kannst damit neue Kraft tanken, dein Energiefeld vergrößern und dich für spezielle Aufgaben stärken. Zum Schutz vor bösen Zeitgenossen, für Schönheit, Strahlkraft oder um dir deinen Traumpartner zu angeln.

Übung: Radio Energy

Dabei bringt man den eigenen Körper in spezielle Positionen (siehe Seite 102f.) und achtet auf eine tiefe Atmung. Wie eine gut eingestellte Radio-Antenne ermöglichen der Körper, die Arme und die Beine den rauschfreien Empfang universeller Energie. Damit kannst du Kraft tanken, dein Energiefeld vergrößern und dich für spezielle Aufgaben stärken. Den Radio-Sender kannst du beliebig wählen.

Willst du die Energie in auch noch in „Dolby-surround"-Qualität empfangen, dann kannst du einen Verstärker aktivieren: Auch Laute sind nur Schwingungen und können die entsprechenden Energien gut verstärken. Du musst die einzelnen Laute ja nicht gleich laut herausschreien – Flüstern reicht völlig aus. Eigentlich genügt es aber schon, wenn du sie nur denkst. Achte auf eine ruhige und tiefe Atmung und halte die Stellungen für ein bis zwei Minuten.

Die auf den Seiten 102 und 103 beschriebenen Stellungen kannst du beliebig kombinieren. Zum Schutz vor bösen Zeitgenossen, für schwierige Aufgaben oder um dir deinen Traumpartner zu angeln.

Sender: Strahlkraft
Play list:
Persönliche Ausstrahlung,
harmonischer Energiefluss,
energetisches Aufladen
Antennenposition:
Aufrecht stehend, die Beine geschlossen,
die Arme nach oben gestreckt
Verstärker:
„liiissss"

Sender: Willensstärkung
Play list:
Durchsetzungsvermögen,
Selbstbewusstsein, Erfolg
Antennenposition:
Aufrecht stehend, die Beine geschlossen,
beide Arme diagonal nach unten gestreckt
Verstärker:
„Tyyyyr"

Sender: Fülle
Play list:
Kommunikation, Gesundheit,
Intellekt, Schutz
Antennenposition:
Aufrecht stehend, beide Arme
diagonal nach oben gestreckt
Verstärker:
„Maaan"

Sender: Tatkraft

Play list:
Wissen, Erkenntnis,
Verwirklichung, Umsetzung
Antennenposition:
Aufrecht stehen, die Oberarme
diagonal nach unten, die Unterarme
schräg nach oben beugen
Verstärker:
„Siiiiiigtyyyyr"

Sender: Sonne

Play list:
Tugend, Schönheit
Antennenposition:
Aufrecht stehend, beide Arme
nach oben gestreckt, das rechte
Bein seitlich weggestreckt
Verstärker:
„aaaaaarrr"

Sender: Glück

Play list:
Inspiration, Kreativität
Antennenposition:
Beine geschlossen, Oberkörper
nach vorne gebeugt, die Arme
nach unten gestreckt
Verstärker:
„uuuuuuurrr"

Bollywood-Power

Die Inder waren immer schon spirituell interessiert. Und schufen ein buntes Menü hochwirksamer Techniken zur Glückseligkeit. Neben der Vielfalt an Yoga-Kursen, Ayurveda-Massagen und einer abwechslungsreich gewürzten Küche zählt vor allem die Lehre der Chakren zu den innovativen Importen aus Bollywood. Die Chakren sind feinstoffliche Energiezentren, die für einen gleichmäßigen Energiefluss sorgen – solange sie aktiviert sind. Jede Blockade eines einzelnen Chakras wirkt sich nämlich äußerst abtörnend auf dein seelisches Wohlbefinden aus. Du kannst die „Energierädchen" aber leicht wieder zum Laufen bringen.

Sieben Hauptchakren entsprechen sieben unterschiedliche Qualitäten und Phänomenen – etwa Emotionen, Körperteilen und Bewusstseinsebenen. Die Lebensenergie fließt in unterschiedlichen Frequenzen durch die einzelnen Chakren. So kann man jedem Chakra auch leicht eine bestimmte Tonfrequenz und Farbe zuordnen – denn im Endeffekt sind Farben und Töne ja auch nichts anderes als Schwingung.

NAME	LAGE	ENTSPRECHUNG	FARBE	TON
Wurzelchakra	Zwischen Anus und Genitalien	Realität, Durchsetzungskraft, „Erdung"	rot	Tiefes C
Polaritäts Chakra	Oberer Teil des Kreuzbeines, etwa an der Schamhaargrenze	Emotion, Kreativität, sexuelle Energie	orange	D
Solar Plexus Chakra	Eine Handbreit oberhalb des Nabels	Vitalität, Integration des Unbewussten	gelb	E
Herz Chakra	In der Mitte der Brust	Gefühle, Liebe	grün	F
Hals Chakra	Zwischen Halsgrube und Kehlkopf	Ausdruck und Kommunikation	hellblau	G
Stirn Chakra	Zwischen den Augenbrauen	Erkenntnis	indigoblau	A
Kronen Chakra	Am höchsten Punkt des Kopfes	Inspiration	violett	H

Chakra-Koordinaten

Bestimmte Klänge, Tonhöhen und Farbfrequenzen werden die Energie der einzelnen Chakren anregen. Die folgende Meditation wird dich in Fahrt bringen

Übung: Chakra-Kahn

Lege dich entspannt hin und schließe die Augen. Achte auf eine ruhige Atmung, richte deine Aufmerksamkeit auf das jeweilige Chakra und visualisiere es als Energiefeld, das in der zugeordneten Farbe erstrahlt. Du kannst so lange bei einem Chakra verweilen, wie du willst.

Vielleicht willst du einzelnen Bereichen aber auch mehr Aufmerksamkeit schenken. Arbeite dich auf diese Weise durch alle sieben Chakren und genieße die wohltuende, anregende und harmonisierende Wirkung.

Man findet leicht auch ein großes Angebot an speziell abgemischten Musik-CDs. In sieben unterschiedlichen Nummern werden dann alle Chakren aktiviert.

Ich habe diese Scheiben früher gerne gehört. Und bin auf der Stelle eingeschlafen. Denn die gewählten Instrumente und Arrangements aus Harfenklängen, Meeresrauschen und Möwengekreische entsprechen so gar nicht meinem musikalischen Geschmack. Und können mich schon gar nicht aktivieren. Vielleicht kommst du damit besser klar. Wenn nicht, kann dir die Tabelle auf Seite 106 dabei helfen, deine Energie auch über einen MP3-Player zu aktivieren und die gewünschte Wirkung zu erfahren.

CHAKRA-CHARTS	
Name	*DJ-Deck*
Wurzelchakra	Rock/Drums
Polaritäts Chakra	House
Solar Plexus Chakra	Dance/Drum'n Bass
Herz Chakra	Soul
Hals Chakra	Rap
Stirn Chakra	Dub/Downbeat
Kronen Chakra	Klassik/Trance

Immer wenn du eine spezielle Energie benötigst, kannst du deine Chakren mit dem entsprechenden Sound aktivieren. Dann kannst du dich bei Rock und Trommelmusik erden, bei Downbeat-Scheiben über das Leben sinnieren, bei einer ordentlichen Rap-Nummer ungeschminkt herausbrüllen, was du eigentlich immer schon sagen wolltest. Oder du bringst dich mit House-Rhythmen für die Hitze der nächsten Nacht in Stimmung und stärkst mit Soul-Scheiben dein Mitgefühl. Deine Vitalität kannst du wild im Wohnzimmer tanzend aktivieren und bei Trance oder guter Klassik auch einmal in andere Sphären entschweben.

Geschmäcker sind aber verschieden. Natürlich können Rock-Balladen auch dein Herz Chakra aktivieren und schnellere Trance-Nummern zu heißen Fruchtbarkeitstänzen im Wohnzimmer motivieren. Die Zuordnungen sollen dir auch nur ein erstes Gefühl für die einzelnen Bereiche vermitteln. Du kannst dich dann in Schwung bringen, wie immer du es gerade brauchst.

Hot Spot

Es gibt Menschen, die beim Betreten eines Raumes schon die volle Aufmerksamkeit auf sich ziehen. Über alle Sorgen erhaben und wie von einem unsichtbaren Scheinwerfer angestrahlt. Gebündelte Ausstrahlung und uneingeschränkte Lebensfreude. Keine Szene vom roten Teppich der Oscar-

Verleihung, sondern vom Asphalt der Großstadt. Das kannst du auch. Jeder Mensch kann diese magische Eigenschaft erlangen und seine Ausstrahlung optimieren. Und als Star über die Bühne des Lebens tänzeln.

Nichts ist am Anfang besser dazu geeignet als dein eigener Atem. Wenn du deinen Atem nur bewusst durch den Körper lenken lernst, wird auch dein Bewusstsein folgen. Energie folgt dem Bewusstsein. Du wirst vor Energie nur so erstrahlen.

Übung: Strahlemann und Sonnenfrau

Stelle, setze oder lege dich entspannt hin. Atme für einige Minuten in einer ruhigen und tiefen Bauchatmung und entspanne deine Muskulatur so weit wie möglich. Jetzt beginnst du deinen Atem zu einzelnen Körperteilen zu lenken.

Stell dir einfach vor, wie der Atemstrom innerhalb deines Körpers zum angepeilten Bereich fließt. Vielleicht spürst du dort sogar eine kleine pulsierende Bewegung im Rhythmus des Ein- und Ausatmens. Atme auf diese Weise in den Kopf, den Nacken, die Schultern, den Oberkörper, die Hüften und die Beine. Am Ende atmest du bewusst bis in die Fußsohlen ein und aus. Dein gesamter Körper ist jetzt in die Atembewegung eingebunden und du spürst, wie Energie jede Zelle durchflutet. Diese Technik erfordert ein wenig Fantasie. Die Wirkung aber ist sensationell!

Schutzschild

Du kannst deine Strahlkraft auch ausweiten, indem du die Lebensenergie auch außerhalb deines Körpers wahrnehmen lernst. Das wird nicht nur deine Ausstrahlung erhöhen. Du kannst dann auch einen energetischen Schutzschild aufbauen. Dieser Schild transformiert negative Energien, bevor sie dir schaden können, die aggressive Energie des Stänkerers an der Bar genauso wie die neidvollen Blicke hinterhältiger Bürokollegen.

Übung: Im Zentrum des Wirbelsturms

Beginne zuerst deinen Energiekreislauf zu aktivieren (Übung Seite 102/103).

Dann atmest du dich durch den gesamten Körper (Übung Seite 107). Jetzt stellst du dir einfach vor, wie du inmitten eines energetischen Ei's stehst.

Dieses Ei beginnt sich jetzt im Uhrzeigersinn zu drehen – die Drehachse verläuft dabei genau durch deine Wirbelsäule. Beginne zuerst mit einigen langsamen Umdrehungen und steigere dann konsequent die Rotationsgeschwindigkeit. Anschließend dehnst du das Energie-Ei in Gedanken auch noch aus – einige Meter reichen schon. Du wirst wahrscheinlich ein intensives Kribbeln im ganzen Körper spüren.

Versuche die Übung regelmäßig für einige Minuten auszuführen – am besten, bevor du das Haus verlässt.

Sexgott an Aphrodite

Ausstrahlung macht beliebt. Ob in der Werbung oder den alltäglichen Anstrengungen um Liebe, Anerkennung und Sex. Wer strahlt, ist attraktiv, schön und begehrenswert.

Bleib dabei aber auch immer locker und ganz du selbst. Immerhin kommt der Begriff „Charisma" – die Ausstrahlung der Sieger – auch von der Göttin „Charis" und bedeutet soviel wie „Gnade". Charisma hat man eben, oder man hat es nicht. Da nützt keine Verbissenheit und krampfhafte Planung. Bleibst du locker, dann du hast es.

Die griechischen Göttinnen von Anmut und Grazie heißen auch nicht etwa „verbissene Disziplin" oder „realistische Planung und strukturiertes Vorgehen", sondern Euphrosyne – „Frohsinn", Thalia –„Blühend" und Aglaia – „Glanz".

Auch ein wenig Eigenironie kann nicht schaden. Die charismatischen Menschen sind meist gar nicht die perfekten. Schon gar nicht die schönsten. Sie haben in manchen Bereichen oft sogar echte Mängel und Schwächen. Aber sie stehen dazu. Vermeide das Kopieren von Vorbildern und das ständige

Hinzufügen von unnötigem Firlefanz. Schlage lieber wie ein Bildhauer deine individuelle Persönlichkeit aus dem Granit – mit Ecken und Kanten. Nimm weg, was nicht zu dir passt.

Spirituell hellsichtige Menschen nehmen die Aura – das Energiefeld, das deine Strahlkraft ausmacht – übrigens in fünf Schichten wahr. In diesen Schichten spiegeln sich Gedanken und Träume genauso wie Gefühle und Emotionen. Nur wenn alle Energiefelder – Gefühle, Gedanken, Emotionen und Lebensträume – sich maßgefertigt an deinen Körper schmiegen, werden sie vereint für Strahlkraft sorgen.

Dann wirst du unverwechselbar sein. Charismatisch, sexy und unvergleichlich schön.

Pimp my Body!

Tempelhüpfen

„Mens sana in corpore sano – Ein gesunder Geist in einem gesunden Kör-per", heißt der Werbeslogan der modernen Gesundheits- und Fitnessbewe-gung. Das Zitat des römischen Dichters Juvenal war aber einst eher ironisch gemeint. Schon gar nicht sollte man daraus schließen, dass intelligente Menschen unbedingt auch fit sein müssen und sportliches Training die Intelligenz steigert. Es gibt viele brillante Köpfe, die schwer krank sind oder sogar im Rollstuhl sitzen müssen. Und viele Supersportler brillieren aus-schließlich mit geschwollenem Bizeps.

Trotzdem wird es dir das Leben ungemein erleichtern, wenn du deinen wachen Geist auch in einem stabilen Tempel eines gesunden Körpers gut aufgehoben weißt. Dann kannst du deine starke Persönlichkeit frei entfal-ten.

Gesundheit macht frei. Krankheit legt dich in Ketten – „Mens sana in sana-torium". Was nützt dir spirituelle Erkenntnis, wenn du in der Kuranstalt volkstümliche Gemeinschaftstänze erlernen musst?

Superman und Wondergirl im Thermalbad

In Gesundheitsfragen sind Helden aber eher unbescheiden. Die offiziellen Definitionen, was denn Gesundheit nun eigentlich sein soll, langweilen ja auch. Von einem Leben in dem „ jegliche Anzeichen einer Krankheit fehlen" ist da die Rede. Diesen Zustand beschreibt die Medizin übrigens auch klingend als „Homöostase" – das biologische Gleichgewicht.

Wenn du dein Leben in so einer homöostatischen Balance fristen willst, dann solltest du ab sofort am besten jegliche Anstrengung vermeiden. Du kannst dann auf ein langes Leben in der einschläfernden Pensionisten-Stimmung eines Thermalbads hoffen.

Du willst aber sicherlich mehr. Die Kraft von Superman und Wondergirl dürften da gerade noch reichen. Dazu musst du das biologische Gleichgewicht aber auch immer wieder verlassen und deinem Körper die Chance zur Weiterentwicklung geben.

Die Sportwissenschaft bezeichnet dieses Prinzip als „Superkompensation". Eine Belastung schwächt das biologische System, und die Leistungsfähigkeit nimmt kurzzeitig ab. In der folgenden Erholungsphase steigt die Leistungsfähigkeit allerdings schon bald auf das Ausgangsniveau an und übersteigt dieses sogar. Ausschlaggebend für den Erfolg ist nur das richtige Verhältnis zwischen Belastung und entsprechender Erholung – Rock 'n' Roll und Buddha eben.

Diese Erkenntnis hat in den letzten Jahrzehnten allerdings dazu geführt, dass Training auch gleich immer mit Abrackern gleichgesetzt wird. „No Pain, No Gain" – Ohne Schmerz kein Erfolg: Die Leute quälen sich durch mehr oder weniger effektive Trainingspläne und fristen dazwischen ein schmerzhaftes Dasein im permanenten Muskelkater.

No Brain, No Gain

Mit dem folgenden Programm wirst du dein Training aber immer in vollen Zügen genießen, dich nie sinnlos abrackern müssen und immer mit einem gewinnenden Lächeln trainieren. Dafür basiert es auf neuesten sportwissenschaftlichen Fakten und wird sogar deinen Geist wappnen. „No Brain, No

Gain" – effektives Training mit Köpfchen. Belastung und Erholung stehen dabei im perfekten Einklang.

Du wirst damit:

- Körper und Geist gleichzeitig trainieren, bewegende Meditationsssessions genießen und zum durchtrainierten Intelligenzbündel werden
- deinen Körper harmonisch formen, Speck verbrennen, schlanke Muskeln entwickeln und dich an einer sexy Traumfigur erfreuen
- deine Kraft steigern
- deine Ausdauer kurzweilig trainieren, immer den längeren Atem haben und als unermüdlicher Dynamo durchs Leben tänzeln
- deine Beweglichkeit verbessern und dich elegant bewegen lernen
- und mit Leichtigkeit deine Leistungsfähigkeit in schier übermenschliche Dimensionen steigern

Sagenhaft

Helden sind starke Typen. Das waren sie immer schon. Das wusste man auch schon im Land um Mykonos. Achilles gilt noch heute als gestählter Inbegriff eines Helden. Als Sohn einer Göttin und eines Menschenvaters eroberte er Troja fast im Alleingang, bevor ihm ein kleines orthopädisches Fersenproblem zum Verhängnis wurde. Und eine Jeanne d'Arc hätte mit Haltungsschäden und entzündlicher Cellulite die Franzosen wohl kaum im Hundertjährigen Krieg anführen können.

Die Geschichten kennst du sicher. Homers Berichte und andere dramatische Schriften prägten unsere abendländische Philosophie und enthalten in einem einzigen Satz oft mehr Weisheit als alle modernen Ratgeber-Bücher zusammen. Von geistiger Entwicklung, philosophischer Weitsicht und alles erleuchtender Erkenntnis ist dort die Rede. Vom Körper eher weniger. Überhaupt findet man in den meisten spirituellen Lehren alter Zeiten kaum brauchbare Anleitungen zur körperlichen Ertüchtigung. Wahrscheinlich war das damals auch nicht notwendig. Die Menschen arbeiteten meist noch körperlich, waren ständig an der frischen Luft und gingen viel zu Fuß.

Pimp my Body!

Knackarsch oder Großkopf?

Wir haben es da schon weitaus schwerer. Sitzen den ganzen Tag vor dem Computer, gehen dazwischen höchstens noch zum Kühlschrank und plagen uns mit Kreuzschmerzen, Bluthochdruck und Cholesterinwerten herum. Spiritualität und geistige Regsamkeit scheinen sich dabei oft direkt proportional zum körperlichen Verfall zu verhalten. Große Denker erkennt man heutzutage leider nur allzu oft an krummer Haltung, dicker Wampe und kurzem Atem. Esoterisch gebildete Menschen meist an viel zu schmalen Schultern und großem Hinterteil.

Andere geben sich den puren Körperkult. Trainieren Bizeps und Bauch wie von Sinnen und blamieren sich trotzdem bei jedem Wissens-Quiz. „Body" oder „Mind"? – Knackarsch oder Großkopf? Wer die Wahl hat, hat auch die Qual.

Du aber willst natürlich wieder einmal alles: spirituelle Weitsicht und einen heißen Body. Eine Trennlinie zwischen Körper und Geist gibt ja eigentlich auch gar nicht. Körper und Geist sind eine untrennbare Einheit. Im Idealfall sind sie auch noch in Balance. Davon ist man aber meist weit entfernt.

Zu viel Buddha/ zu wenig Rock'n'Roll	Zu viel Rock'n'Roll/ zu wenig Buddha
behäbige Bewegung	kraftlose Unruhe
aufgequollen	hoher Puls
müde	hoher Blutdruck
kraftlos	verkrampfte Haltung und Rundrücken
niedriger Blutdruck	verhärtete und verspannte Muskulatur
feuchte Haut	trockene Haut
bleiches Gesicht	rotes Gesicht

Lügen haben verkrampfte Beine

Dabei spiegelt der Körper unsere geistige Verfassung und sogar unseren Charakter wider, mehr, als einem meist recht ist. Das Wissen um körperlich-geistige Zusammenhänge eröffnet auch die Chance zur Persönlichkeitsentwicklung mit Traumfigur-Garantie.

Körperbereich	Entsprechung	Buddha & Rock 'n' Roll im Einklang	Buddha Überschuss, Rock 'n' Roll Mangel	Rock 'n' Roll Überschuss, Buddha Mangel
Beine	Spiegeln den Realitätsbezug wider.	Die Beine sind kräftig und flexibel. Man kann den eigenen Standpunkt vertreten, muss aber auch nicht immer nur auf der eigenen Position beharren.	Die Beine sind weich, schwach, dick oder unterentwickelt. Zeugt von Unselbständigkeit und der Schwierigkeit, hinter Entscheidungen zu stehen.	Die Beine sind verkrampft, zu muskulös, unflexibel. Spiegeln oft eine starre Persönlichkeit
Die Brust	Steht für die Fähigkeit, Gefühle zuzulassen, für Mut und Selbstbewusstsein.	Eine kräftige Brust, die auch flexibel genug ist, um tief ein- und auszuatmen. Man agiert selbstbewusst und kann eigene Gefühle ausdrücken.	Ein schmaler und verengter Brustkorb zeugt von der mangelnden Fähigkeit, tief zu atmen. Man leidet oft an mangelndem Selbstvertrauen und gesteht sich wenig Emotionalität zu.	Ein überentwickelter und aufgeblasener Brustkorb spiegelt eine dominante Persönlichkeit. Man stolziert umher wie ein Gockel und hält verkrampft am eigenen Ego fest.
Die Arme	Spiegeln unsere Fähigkeit, Zusammenhänge zu begreifen und uns zurechtzufinden.	Kräftige Arme, die dennoch entspannt und flexibel sind, können zupacken, aber auch Trost spenden und streicheln.	Schwache Arme zeugen von Schwierigkeiten, die täglichen Herausforderungen zu bewältigen.	Übermäßig muskulöse Arme deuten meist auf mangelndes Einfühlungsvermögen hin.
Die Schultern	Spiegeln Selbstsicherheit und die Fähigkeit, Verantwortung zu übernehmen.	Kräftige und harmonisch geformte Schultern vermitteln ein Gefühl von innerer Stärke und Eigenverantwortung.	Menschen mit extrem schmalen Schultern haben Schwierigkeiten, die Probleme des täglichen Lebens zu ertragen und Verantwortung zu übernehmen.	Übermäßig entwickelte Schultern weisen meist auf ein starkes Streben nach Macht und Rechthaberei hin. Man trägt mühevoll die Last der Verantwortung und verteidigt stur seine Meinung.

Körperbereich	Entsprechung	Buddha & Rock'n'Roll im Einklang	Buddha Überschuss, Rock'n' Roll Mangel	Rock'n'Roll Überschuss, Buddha Mangel
Der Po	Die Form des Pos zeugt von der Art der Selbständigkeit und dem Umgang mit der eigenen Sexualität.	Ein kräftiger, runder und wohlgeformter Po wirkt sexy und zeugt von einem gesundem Selbstbewusstsein.	Ein schlaffer Po kann auch ein Hinweis für ein unterdrücktes Selbstwertgefühl sein.	Ein verkrampfter Po deutet darauf hin, dass alles analysiert und kontrolliert wird. Sogar die eigenen Gefühle.
Der Bauch	Ist das Zentrum der Intuition und Emotion.	Ein kräftiger und entspannter Bauch ermöglicht die volle Entwicklung innerster Kraft und das gleichzeitige Zulassen von Gefühlen.	Ein schwacher Bauch zeigt mangelnde Selbstbeherrschung.	Ein verspannter und harter Bauch behindert den freien Energiefluss und zeigt die Unfähigkeit, Gefühle zuzulassen und auf seine Intuition zu vertrauen.
Der Rücken	Spiegelt das Unterbewusstsein des Menschen.	Ein starker Rücken trägt mit Leichtigkeit die Last alltäglicher Probleme und Sorgen.	Ein schwacher Rücken bricht unter der Last des Alltags regelrecht zusammen. Man versucht, sich durch einen Rundrücken vor emotionalen Enttäuschungen zu schützen.	Ein übermäßig entwickelter Rücken bildet als „Panzer" einen Schutz vor emotionaler Verletzlichkeit und geht oft mit der Unfähigkeit einher, Gefühle auszudrücken.

Die Herrschaft der Maschinen

Zeit also, ein wenig Schwung in die Knochen zu bringen. Die modernen Fitnesscenter machen einem die Entscheidung aber nicht gerade leicht. Muss man sich dafür gleich auf futuristischen Geräten und Hamsterrädern abrackern? Das macht einfach keinen Spaß. Und flirten kann man woanders viel besser. Da rinnt einem auch nicht der Lidschatten durch die gebräunte Visage. Kein Wunder, dass viele bald wieder aufgeben. Die meisten tragen ihre Mitgliedskarte nur noch als postmodernes Statussymbol spazieren.

Fit zu sein bedarf es aber wenig. Hightech-Geräte braucht man dazu schon gar nicht. Für ein wirklich effektives Training brauchst du eigentlich gar nichts – deinen eigenen Körper vielleicht ausgenommen. Du kannst splitternackt im Badezimmer weitaus effektiver trainieren als in jedem modernen Fitness-Palast. Wenn du weißt, wie.

Das abwechslungsreiche Training und ausgefuchste Strategien bringen echte Ergebnisse und fordern die volle Aufmerksamkeit. Dann ist das Training auch keine auferlegte Qual mehr. Meist macht es sogar richtig Spaß. Und du bleibst immer in Bewegung.

Barbie und Ken gehen baden

Solange du nicht an einer schwereren Verletzung leidest, solltest du einen Bogen um futuristische Geräte machen – die bringen wenig, schon gar keine Traumfigur.

Ein Standardrezept wie „Bauch, Bein, Po" klingt zwar verlockend einfach – ist aber reine Zeitverschwendung. Da gibt es komplizierte Maschinen für den Bizeps, Trizeps, für Brust und Rücken. Die Bewegungen werden dabei von den Geräten genau vorgegeben. So kann man sich auf die einzelnen Muskeln konzentrieren – sie isolieren.

Im Leben aber gibt es keine isolierten Bewegungen. Alleine wenn du von einem Stuhl aufstehst, aktivierst du unzählige Muskeln gleichzeitig. Das isolierte Training jedes einzelnen würde dir die Bewegung des Aufstehens aber kaum erleichtern.

Die Gesamtheit ist viel mehr als die Summe der Einzelteile. Eine natürliche Bewegung baut immer auf dem harmonischen Zusammenspiel vieler Muskelgruppen auf – egal ob du schwere Einkäufe nach Hause schleppst, dein Kind in die Luft wirbelst oder einfach nur vom Bürostuhl aufstehst, um dir einen Kaffee zu holen.

Effektives Training muss daher auch immer darauf abzielen, die intermuskuläre Koordination – das reibungslose Zusammenspiel der einzelnen Muskelgruppen– zu verbessern.

Das folgende Training trainiert die einzelnen Muskelgruppen gemäß ihrem natürlichen Zusammenspiel und formt den Körper harmonisch. So wie er sein soll – ohne übermäßigen oder gar einseitigen Muskelaufbau.

An Maschinen trainierte Möchtegern-Unterwäschemodels erkennt man leider meist schon von Weitem. Es ist zwar alles gut trainiert – die einzelnen Körperteile passen aber irgendwie nicht zusammen. Und die unbeholfenen Bewegungen entlarven Barbie und Ken vom Freibad als künstliches Produkt der Fitnesscenter-Labors.

Wenn du deinen Körper als Gesamtheit trainierst, wird er schon bald vor kraftvoll anziehender Ausstrahlung und Anmut strotzen. Deine Bewegungen werden dynamisch, elegant und anmutig. Und der Sommer wird heiß.

Der Zweck heiligt die Mittel

„Die Gymnastik sei einfach."
Plato

Außerdem kannst du die erworbenen Fähigkeiten auch noch richtig einsetzen – im Sport und im Alltag. Zugegeben: Die Leistungen, die an Maschinen im Fitnesscenter erbracht werden, sind auch nicht ganz ohne. Aber was hilft dir das zwölfte verchromte Steckgewicht an der Beinstreckmaschine, wenn du nicht einmal deine Frau über die Schwelle tragen kannst. Was helfen die tollen Kilowatt am Laufband, wenn dir die Straßenbahn wieder einmal vor der Nase wegfährt.

Du solltest daher immer auch deine Fertigkeiten trainieren. Dann wird die Kraft, Ausdauer und Beweglichkeit erst wirklich anwendbar, da, wo man es am meisten braucht – im Leben.

Dazu brauchst du überhaupt keine Geräte. Du musst dazu nicht einmal deine eigenen vier Wände verlassen. Am besten trainierst du mit deinem eigenen Körper. Den hast du ja auch immer dabei. Und du wirst bald schon spielend Leistungen vollbringen, die jeden Fitness-Yuppie ins Schwitzen bringen.

In fünf Sekunden zur Bestform

Bevor wir anfangen, solltest du aber ein wenig Haltung zeigen. Fehlhaltungen werden durch ein Bewegungsprogramm nur noch verstärkt. Außerdem wirkt dein Körper mit der richtigen Haltung sofort proportionierter und trainierter. Umgekehrt wirkt selbst die beste Figur mit krummer Haltung unattraktiv und kraftlos.

Eine kraftvolle und selbstbewusste Körperhaltung hat nichts mit den eigentümlichen Vorbildern militärisch aufgerichteter Haltung gemein. Bleib lieber entspannt. Weil du auch immer die volle Verantwortung übernehmen kannst, brauchst du sie erst gar nicht auf deinen Schultern zu tragen.

Übung: In fünf Sekunden zur Bestform

Stell dich mit schulterbreit aufgestellten Füßen aufrecht hin.

Kopf hoch
Stell dir vor, dass dich ein unsichtbarer Faden am höchsten Punkt des Kopfes sanft nach oben zieht. Der Kopf rotiert dabei leicht nach vorne. Verlängere dabei deinen Nacken, senke das Kinn und entspanne die Muskulatur der Schultern. Du wirst dich dabei größer fühlen und sofort aufrecht dastehen.

Brust hoch
Zieh dein Brustbein leicht nach oben und vorne. Dein Kopf ruht dann in völliger Balance und deine Nackenmuskulatur kann besser entspannen.

Becken kippen
Stell dir dein Becken als nach oben offene Schale vor, die du durch leichtes Kippen nach hinten gerade stellst. Vermeide aber das Anspannen der Po-Muskulatur. Am besten denkst du dabei an ein Gewicht, das

dein Steißbein sanft nach unten zieht. Die Übung aktiviert die Becken-
bodenmuskulatur und den unteren Bauchmuskel – dein Bauch wirkt
sofort flacher.

Entspannung
Versuche deine Muskulatur jetzt so weit wie möglich zu entspannen.
Halte nur die Spannung aufrecht, die du zur aufrechten Haltung wirk-
lich benötigst. Das ist meist viel weniger, als man glaubt. Vielleicht hilft
dir das Bild, dass die Muskulatur dickflüssig zum Boden abfließt.
Am besten übst du auch in der U-Bahn und an der Supermarktkassa.

In einer natürlich aufrechten und entspannten Haltung kannst du dich
anmutig und elegant durchs Leben bewegen. Nütze die Naturgesetze: Die
Schwerkraft ist die Wurzel aller Anmut! Versuche daher regelmäßig deine
Muskulatur bewusst zu entspannen. Stell dir einfach vor, wie deine Muskeln
weicher werden und durch die Schwerkraft sanft nach unten sinken. Auch
wenn du dich bewegst.

Übe regelmäßig im Alltag, etwa wenn du einen Ordner aus dem Regal
nimmst oder zur U-Bahn gehst. Achte dabei besonders auf das Absinken
deiner Schultermuskulatur. Du wirst überrascht sein, wie leicht und elegant
du dich dann bewegen kannst.

Beweglich wie ein Kind

Der Mensch ist so gesund wie seine Gelenke. Werden wir ungelenkig und
steif, wird jede Bewegung zur Anstrengung und Qual. Die Pflege und War-
tung deiner Gelenke sollte daher eine tägliche Selbstverständlichkeit sein.

Dabei genügt es, die Gelenke täglich ein wenig zu aktivieren. Dadurch wird
die umliegende Muskulatur sanft gedehnt und der Gelenkstoffwechsel aktiviert – das Gelenk wird genährt und „geschmiert". Am besten machst du die
Übungen gleich nach dem Aufstehen. Dann bewegst du dich mit Leichtigkeit und Beweglichkeit durch den Tag.

Übung: Gelenksspiel

Bewege jedes Gelenk über den vollen Bewegungsumfang. Achte auf eine kontrollierte und langsame Ausführung. Die einzelnen Gelenke werden dabei für jedes Lebensjahr einmal bewegt. Jemand mit 36 Jahren „rollt" seine Gelenke dann 36-mal. Wenn du älter bist, haben die auch schon einiges erlebt.

Kopf

Beginne mit Kopfkreisen. Vermeide dabei eine weite Kippbewegung nach hinten. Stell dir vor, dass du mit deiner Nasenspitze einen etwa handtellergroßen Kreis in die Luft malst. Wechsle auch die Richtung.

Schultern

Kreise mit beiden Schultern vorwärts und rückwärts.

Wirbelsäule

Beim Einatmen streckst du die Brust heraus und gehst leicht ins Hohlkreuz. Beim Ausatmen ziehst du Schultern und Becken nach vorne.

Hüfte

Hebe ein Bein abgewinkelt vom Boden ab. Kreise aus der Hüfte nach außen oder einwärts.

Knie und Ellbogen

Strecke und winkle gleichzeitig einen Ellbogen und das gegenüberliegende Knie ab. Übe auf beiden Seiten.

Hand- und Fußgelenk

Kreise gleichzeitig in einem Handgelenk und dem gegenüberliegenden Fuß. Seitenwechsel!

Die Übungen dauern nur einige Minuten. Sie eignen sich auch hervorragend dazu, deinen Körper vor dem Sport aufzuwärmen.

Bewegung ist Leben. Trotzdem quälen sich die meisten Fitnesssportler durch statisch fixierte Dehnübungen. Das schaut oft nicht nur seltsam aus, es ist sogar manchmal gefährlich. Die hoch gelobten Stretch-Übungen, bei denen man eine Dehnposition einnimmt und dann für 20–30 Sekunden bewegungslos verharrt, haben in den letzten zehn Jahren wahrscheinlich mehr Sportverletzungen verursacht als alle anderen Fitness-Irrtümer zusammen. Deine Muskulatur wird dabei statisch entspannt und kann sich auf die folgenden dynamischen Belastungen erst gar nicht einstellen. Außerdem steigerst du dadurch nur deine statische Beweglichkeit. Aber im Sport und auch im Alltag wird diese so gut wie nie benötigt. Möchtest du deine Beweglichkeit verbessern, solltest du besser deine dynamische Beweglichkeit steigern. Die Übungen werden kontrolliert und ohne Schmerzen ausgeführt.

Übung: Dynamisches Stretching
Am besten führst du die Übungen mehrmals wöchentlich aus. Zumindest aber dann, wenn du dich auf eine sportliche Herausforderung vorbereitest. Beginne langsam und in kleinen Bewegungen und steigere nur behutsam Tempo und Intensität.

Hoch das Bein
Die Übung dehnt die Rückseite deiner Beine, das Gesäß und den

Rücken. Stelle dich aufrecht hin und halte dich mit einer Hand an einem Stuhl an. Die andere Hand streckst du nach vorne aus und kontrollierst so die Intensität der Übung. Beginne jetzt dein gestrecktes Bein nach vorne zu schwingen. Halte dabei deinen Rücken möglichst gerade, führe die Bewegung zügig, aber kontrolliert aus und beginne mit kleinen Bewegungen – etwa in Kniehöhe. Bei jeder Wiederholung steigerst du die Höhe um einige Zentimeter. Aber nur soweit du keinen Schmerz verspürst

(ein leichtes „Ziehen" ist aber erlaubt).
Absolviere zehn Wiederholungen und wechsle
dann auf das andere Bein. Die Übung kannst du
zwei- bis dreimal wiederholen.
Der zweite Durchgang beginnt dann auf der
gleichen Höhe, in der du den ersten beendet
hast.

Seitkick Die Übung dehnt die Innenseite der
Beine und die Außenseite des Oberkörpers.
Stell dich seitlich auf und halte dich mit beiden
Händen an der Stuhllehne an. Schwinge dein
Bein gestreckt zur Seite. Dein Oberkörper kann
sich dabei gerne zur Seite neigen. Dein Gesäß
kannst du außerdem leicht nach hinten kippen.
Streck einfach deinen Hintern raus.
10 Wiederholungen pro Bein, 2–3 Durchgänge

Armschwung
Aufrecht stehend schwingst du beide Arme
gleichzeitig nach hinten. Den einen nach oben,
den anderen Arm gestreckt nach unten. Halte
deine Bauchmuskeln leicht angespannt und vermeide ein Hohlkreuz.
10 Wiederholungen pro Seite, 2–3 Durchgänge

Let's twist again
Aufrecht stehend streckst du beide Arme zu
einer Seite. Drehe den Oberkörper abwechselnd
in die eine und die andere Richtung. Halte die
Bauchmuskulatur dabei angespannt und drehe
deine Füße in die Drehrichtung mit.
20 Wiederholungen, 2–3 Durchgänge

> *Die Übungen werden deine dynamische Beweglichkeit schnell verbessern. Außerdem ersparst du dir schmerzhafte Zerrungen bei Sport und Spiel.*

Stark wie ein Holzfäller

Mit Kraft fällt vieles leichter. Du kannst damit deine Einkäufe nach Hause bringen, deine Liebsten auf Händen tragen und dein Leben retten. Und ganz nebenbei werden die trainierten Muskeln auch noch deinen Sexappeal zur Geltung bringen.

Kraft ist aber kein relativer Begriff. Wie anstrengend sich eine Übung anfühlt, sagt nur wenig über den tatsächlichen Nutzen aus. Im Leben kümmert es wenig, wie oft du den blauen Physioball von einer Seite zur nächsten rollen kannst und wie anstrengend sich die neueste Pilates-Übung anfühlt. Was zählt, ist einzig, ob du deine Kraft auch richtig einsetzen kannst. Etwa, wenn du deinen Freunden beim Umzug hilfst oder um dein Leben läufst.

Um die Kraft zu steigern, braucht es immer auch eine hohe Intensität bei entsprechend niedriger Wiederholungszahl. 5–6 Wiederholungen sind die Obergrenze. Diese Fakten haben allerdings dazu geführt, dass Training mit dem eigenen Körpergewicht aus der Mode gekommen ist. Mit Hantelscheiben und Steckgewichten kann man die Belastung leichter steigern.

Dabei bedarf es nur ein wenig mehr an Kreativität. Anstatt mehr Gewichte aufzuladen, musst du nur schwierigere Varianten der einzelnen Übungen finden. Ich werde dir dazu genügend Möglichkeiten zeigen. Du brauchst dir zu jeder Bewegung nur die Variante suchen, mit der du gerade noch 10 Wiederholungen schaffst.

Unzählige Wiederholungen mit niedriger Intensität erhöhen außerdem nur das interzelluläre Wasser im Muskel. Dann hast du zwar aufgepumpte Muskeln – aber noch lange keine Kraft. Das erklärt auch, warum so manche Aerobic-Lehrerin noch immer unproportioniert ist. Und viele Männer mit geschwollenem Bizeps oft nicht einmal die eigene Frau auf Händen tragen können.

Siegerlächeln

Du wirst schon sehr bald die Wirkung sehen und dich an deinem durchtrainierten Körper mit schlanken Muskeln erfreuen. Du musst dich dazu nicht einmal besonders anstrengen. Und schon gar nicht bis zur Erschöpfungsgrenze gehen. So trainierst du immer auch mit einem Lächeln auf den Lippen. Cool wie Clint Eastwood und gelassen wie Lara Croft.

Gehe in deinem Training nie bis zur Erschöpfung. Am besten absolvierst du gerade einmal die halbe Anzahl an Wiederholungen, die du schaffen könntest. Achte auf die langsame und konzentrierte Ausführung.

Sobald du ein brennendes Gefühl im Muskel spürst und die Bewegung wackelig wird, beende die Übung.

Entwickelt wurde diese Methode übrigens von russischen Anti-Terror-Spezialeinheiten. Denn im Ernstfall konnte ein schmerzhafter Muskelkater oder das Schwächegefühl nach einem Training fatale Folgen haben. Das Programm sah daher vor, dass die Übungen nie bis zur Erschöpfung, dafür aber fast täglich ausgeführt wurden. Die Resultate waren sensationell: Die Teilnehmer steigerten ihre Kraftwerte markant und formten ihren Körper harmonisch, ohne zu viel an Muskelmasse zuzulegen.

Dabei ist dieses Prinzip eines der natürlichsten Trainingsprinzipien überhaupt. Auch ein kleines Kind steigert seine Muskelkraft in den ersten Lebensjahren in einem Ausmaß, von dem Fitness-Sportler nur träumen können, und das ganz ohne Anstrengung.

Meine Tochter hat in den letzten drei Jahren ihre Kraft mindestens verzehnfacht. Vom unsicheren Krabbeln zum Stehen, Laufen und Hüpfen. Ich habe sie aber noch nie mit schmerzverzerrtem Gesicht – schon gar nicht wild schnaufend und grunzend – erlebt. Vielmehr wiederholt sie ihre Bewegungen mit Leichtigkeit und verspielter Neugier immer wieder. So lange, bis sie irgendwann gelingen.

Die glorreichen Fünf

Die Übungen sind in fünf natürliche Grundbewegungen unterteilt. Jede einzelne trainiert eine Vielzahl an Muskeln gleichzeitig. Die unterschiedlichen

Muskeln arbeiten dabei zusammen und werden daher auch „funktionelle Ketten" genannt.

Die fünf Bewegungen zur vollen Kraft und Traumfigur sind:
- ➤ Stand Up : Aufstehen
- ➤ Push : Wegdrücken
- ➤ Pull : Heranziehen
- ➤ Roll in : Einrollen
- ➤ Get Straight : Strecken

Mit diesen Bewegungen alleine kannst du deinen gesamten Körper kräftigen und harmonisch formen. Das habe ich schon oft gezeigt. Für ein Fernseh-Projekt trainierte ich vier Männer nach dieser Methode. Der jüngste war 27 Jahre, der älteste 66 Jahre alt. Nach nur sieben Wochen waren die Helden in Topform. Ihr trainierter Körper zeichnete sich harmonisch unter den T-Shirts ab. Und die Burschen pumpten lächelnd 10 bis 20 Liegestütze – auf einer Hand!

Für Frauen wirkt das Programm wahre Wunder. Es gibt nur wenige Mädchen und Frauen, die auch nur einen ordentlichen Liegestütz schaffen. Von einem Klimmzug ganz zu schweigen. Ich kenne allerdings auch einige, die bei solchen Übungen die meisten männlichen Fitness-Junkies elegant aussteigen lassen. Um ihnen mit anmutiger Eleganz und weiblichem Sex-Appeal auch noch den Atem zu rauben.

Als Frau brauchst du keine Angst zu haben, dass das Training die Grazie deiner weiblichen Erscheinung behindern wird. Um übermäßig viele Muskeln aufzubauen, hast du sowieso viel zu wenig Testosteron im Blut. Außerdem zielt das Programm auf kräftige und schlanke Muskeln ab. Das strafft deinen ganzen Körper und bringt deine Weiblichkeit voll zur Geltung. Viel besser als jede Aerobic-Stunde.

Als Frau und als Mann wirst du in jedem Fall:
- ➤ deinen Körper harmonisch formen
- ➤ effektiv Fett verbrennen

- deine Kraft steigern
- deine Haltung verbessern
- alltägliche Belastungen spielend bewältigen
- die Koordination und die Geschicklichkeit verbessern

Wähle dir aus jeder der fünf Bewegungen jeweils eine Übung aus. Am besten die Übung, die du nicht öfter als zehnmal schaffst. Wenn du regelmäßig übst, kannst du schon bald zur nächstschwereren Variante übergehen.

Die Power-Übungen

Stand Up
Die Übungen dieser Bewegung trainieren die Beine und den Po.

Schwierigkeitsgrad 1
Kniebeuge: Aufrecht und mit schulterbreit aufgestellten Füßen beginnst du beim Einatmen die Knie zu beugen. Achte darauf, dass die Knie immer in einer Linie mit den Zehen bleiben. Gehe auch nur so tief in die Hocke, wie du es kannst, ohne die Knie nach vorne zu schieben. Beim Ausatmen stehst du langsam und kontrolliert auf. Halte deinen Rücken gerade und richte den Blick auf einen Punkt in Augenhöhe.

Schwierigkeitsgrad 2
Auf einem Stuhl sitzend streckst du ein Bein und beide Arme nach vorne aus und stehst beim Ausatmen mit dem anderen Bein auf. Dann setzt du dich wieder zurück, berührst den Stuhl nur kurz und wiederholst die Übung 5- bis 10-mal pro Bein.

Schwierigkeitsgrad 3
Die schwierigste Variante ist die einbeinige Kniebeuge ohne Hilfe. Gehe möglichst tief in die Hocke und stehe beim Ausatmen wieder auf. Anfangs kannst du dich auch an einer Türschnalle abstützen.

Push
Die Übungen formen die Muskulatur von Brust, Schultern und Armen harmonisch. Klassische Liegestütze sind dabei einfach unschlagbar. Du kannst aber mit leichteren Varianten beginnen.

Schwierigkeitsgrad 1
In einer knienden Position setzt du beide Hände schulterbreit auf dem Boden auf. Beim Einatmen senkst du den Körper so weit wie möglich ab. Am besten bis das Brustbein den Boden berührt. Halte dabei die Ellbogen nahe am Körper. Beim Ausatmen streckst du die Arme und kehrst in die Ausgangsstellung zurück.

Schwierigkeitsgrad 2
Dabei hebst du die Knie vom Boden ab. Halte deinen Rücken gerade und die Ellbogen nahe am Körper. Einatmen – die Arme beugen, ausatmen – strecken. Bald schon kannst du einen Fuß vom Boden abheben – das macht die Sache schwieriger.

Schwierigkeitsgrad 3

Wenn du locker mehr als 10 Liegestütze auf diese Weise schaffst, kannst du die Intensität erhöhen, indem du deine Beine auf einen Stuhl legst. Um vielleicht schon bald einen Fuß abzuheben. Profis trainieren mit einer Hand. Achte auf die korrekte Technik und halte den Körper möglichst waagrecht.

Wenn du nur einen sauberen Liegestütz auf einer Hand schaffst, kannst du dir gratulieren.

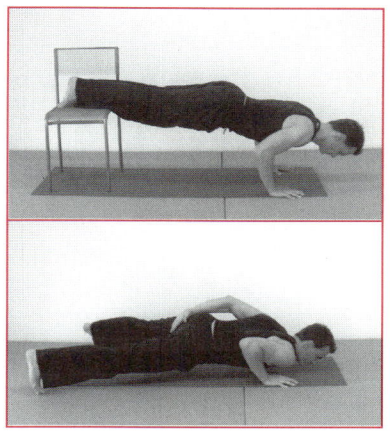

Pull

Trainiert den oberen Rücken, die hinteren Schultern und die Arme.

Schwierigkeitsgrad 1

Auf dem Bauch liegend streckst du beide Arme nach vorne und hebst den Oberkörper leicht vom Boden ab. Beim Einatmen ziehst du beide Arme nach hinten und streckst sie beim Ausatmen wieder nach vorne. Du kannst die Übung ein wenig intensiver gestalten, wenn du einen Gegenstand in den Händen hältst. Eine Wasserflasche genügt schon.

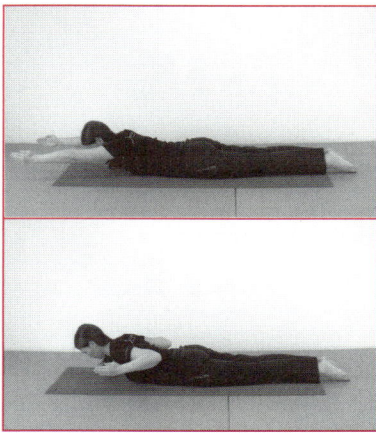

Schwierigkeitsgrad 2

Du legst dich unter einen Tisch und greifst mit beiden Händen die Tischplatte von unten. Achtung, es muss ein stabil stehender Tisch sein. Überprüfe vorher, dass er nicht kippen kann. Beim Einatmen beugst du die Arme und ziehst dich mit der Brust zur Tischplatte. Beim Ausatmen kehrst du langsam in die Ausgangsstellung zurück.

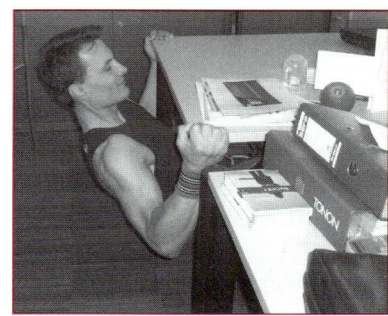

Schwierigkeitsgrad 3
Der Klimmzug ist die Königsübung der Zugbewegungen. Man weiß ja nie, wo man sich einmal hochziehen muss. Die wenigsten jungen Menschen schaffen heutzutage auch nur einen technisch korrekten Klimmzug. Eine Klimmzugstange für den Türstock bekommst du in jedem Sportgeschäft. Zur Not oder auf Reisen kannst du auch leicht an der Tür selbst üben. Öffne die Tür und halte dich an der Oberkante fest.
Beim Klimmzug kannst du zwischen Obergriff – die Handflächen zeigen nach oben – und Untergriff wechseln. Beim Hochziehen atmest du aus.
Übe nur im unterschwelligen Bereich. Wenn du noch keinen Klimmzug schaffst, kannst du eine einfachere Variante ausführen. Dazu montierst du die Stange ein wenig tiefer und stützt dich mit den Füssen am Boden ab. Sollten dir selbst reguläre Klimmzüge irgendwann zu leicht werden, kannst du es mit nur einer Hand probieren.

Roll
Trainiert die gesamte Muskulatur von Bauch und Hüfte. Der klassische Sit-Up gilt zu Unrecht als uneffektives Bauchtraining. In der Fitnesswelt wird er verdammt, weil man dabei auch die Hüftbeuger mittrainiert. Dabei bilden diese Muskeln eine funktionelle Kette und werden bei jeder Aktivität des Bauchmuskels benötigt. Die Übungen bauen funktionelle Kraft auf und trainieren deine Mitte. Wenn du willst, auch bis zum Waschbrettbauch.

Schwierigkeitsgrad 1

Lege dich auf den Rücken und stelle beide Füße auf dem Boden auf. Die Arme solltest du in dieser Variante nach vorne strecken (Foto Seite 30). Achte darauf, den unteren Rücken in den Boden zu drücken. Beim Ausatmen rollst du den Körper hoch, beim Einatmen wieder zurück. Sollte das am Anfang zu schwierig sein, kannst du dich mit den Händen auch an den Unterschenkeln nach vorne ziehen.

Schwierigkeitsgrad 2

Die Stellung der Arme bestimmt die Intensität. Fortgeschrittene kreuzen die Arme vor der Brust.

Schwierigkeitsgrad 3

Profis legen die Fingerspitzen an die Schläfen oder strecken die Arme nach hinten aus.

Straight

Die Bewegungen trainieren den unteren Rücken und Po. Mit diesen Übungen beugst du außerdem Rückenschmerzen vor und verbesserst deine Haltung.

Schwierigkeitsgrad 1

Setz dich aufrecht hin und winkle deine Beine ab. Beim Ausatmen rollst du dein Becken nach hinten und machst den Rücken rund. Beim Einatmen rollst du das Becken wieder vor und richtest deinen Oberkörper auf.

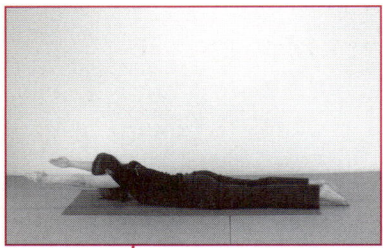

Schwierigkeitsgrad 2
In der Bauchlage streckst du beide Arme nach vorne. Beim Ausatmen hebst du den Oberkörper vom Boden ab und hältst die Endstellung kurz. Beim Einatmen senkst du den Oberkörper wieder ab. Halte deine Zehenspitzen dabei immer gegen den Boden gedrückt.

Schwierigkeitsgrad 3
Die Intensität der letzten Übung kannst du leicht erhöhen, indem du wieder einen Gegenstand in den Händen hältst. Ein Buch wird die Übung schon maßgeblich erschweren. Später greifst du vielleicht schon zu einem Blumentopf.

Kurz und Gut

Das Training dauert nur einige wenige Minuten – höchstens eine Viertelstunde. Für viele Menschen bedeutet Training die Anfahrt ins Fitnesscenter, Umkleiden, Training, Duschen, Umkleiden – ein Vorhaben, das mindestens drei Stunden beansprucht. Da findet man schnell eine neue Ausrede, warum es sich gerade heute wieder einmal nicht ausgeht. Was bleibt, ist das schlechte Gewissen.

Das vorliegende Programm kannst du leicht in deinen Alltag integrieren. Ein paar einbeinige Kniebeugen sollten auch im Büro möglich sein und für fünf Liegestütze musst du auch nicht gleich im Stau stehen. Am besten machst du das Training zu deinem täglichen Morgen-Ritual. Dazu wärmst du dich mit den Übungen zur Gelenkigkeit auf, verabschiedest die Morgen-Steifheit mit einigen Bein- und Armschwüngen und absolvierst deine „täglichen Fünf". Das sollte sich in 5–10 Minuten leicht ausgehen. Und wenn du anschließend noch ein paar Energie-Übungen aus dem Kapitel „AC/DC live" dranhängst, kann dich an diesem Tag eigentlich nichts mehr erschüttern.

Und solltest du trotzdem gerne ins Fitnesscenter gehen, kannst du die Zeit dort auch entspannt genießen. Mach aber einen Bogen um futuristische Geräte und geh lieber in die Freihantel-Bereiche. Oder du schmeißt dich gleich in einen Gruppen-Kurs mit Flirtfaktor.

Body-Bilder

Das Training wird deinen Körper kräftigen, ohne übermäßig Muskeln aufzubauen. Das macht es gerade für Frauen so effektiv. Schlanke und funktionelle Muskeln sind heutzutage aber auch das Trainingsziel vieler Männer, die nicht aufgeblasen durch die Gegend taumeln wollen. Wenn du aber mehr Muskeln aufbauen willst, kannst du trotzdem mit dem gleichen Programm arbeiten. Du musst dann nur die Wiederholungzahl erhöhen.

Um mit hoher Intensität viele Wiederholungen absolvieren zu können, ohne den Körper dabei zu überlasten, gibt es keine bessere Methode als die so genannte „Leiter".

Gehe wie folgt vor: Du wählst dir jeweils eine Übung zu jedem der fünf Bewegungsmuster – zum Beispiel Liegestütze. Absolviere dann nur einen Liegestütz und pausiere kurz. Dann absolvierst du zwei Wiederholungen, und ruhst wieder kurz. Die Pause sollte dabei ungefähr so lange dauern, wie du zur Ausführung gebraucht hast. Dann absolvierst du drei Liegestütze und arbeitest dich auf diese Weise zu einer Wiederholungzahl von fünf hoch. Damit hast du immerhin schon 15 Liegestütze gemacht.

Dann pausierst du für 2–3 Minuten und beginnst die Leiter wieder von vorne – eine Wiederholung, dann zwei usw. 2–3 Leitern pro Übung sollten reichen. So ein Leiter-Training kannst du ein- bis zweimal die Woche in dein Training einbauen.

Weniger ist dabei meist mehr.

Judgement Day

Du solltest den Erfolg deines Trainings aber auch immer wieder überprüfen. Wie viele Liegestütze schaffst du? Wie viele Klimmzüge? Nur wenige Menschen kennen heutzutage ihre körperliche Leistungsfähigkeit.

Dazu gehst du an die absolute Grenze und absolvierst die maximale Wiederholungszahl einer gewählten Übung. Und wirst Wunder erleben.

Obwohl du während des täglichen Trainings nie mehr als fünf bis sechs Wiederholungen ausgeführt hast, wird sich dein persönlicher Rekord stark verbessert haben. 20 saubere Liegestütze, zehn einbeinige Kniebeugen und zehn Klimmzüge trennen Helden vom Rest der Fitness-Welt. Nach so einem intensiven Training solltest du dir aber zumindest zwei Tage Erholung gönnen.

Ausdauernd und unersättlich

Ausdauer heißt, auch im Alltag den längeren Atem zu haben. Wenn du dich schnaufend die Treppen hinaufquälst und im Bett bereits nach der zweiten Nummer aufgibst, solltest du schleunigst deine Ausdauer verbessern. Regelmäßiges Ausdauertraining macht außerdem richtig high – viel besser als die bunten Pillen vom Exstasy-Checker.

Ausdauertraining:
- macht glücklich, denn es fördert die Serotoninausschüttung, ein körpereigenes Antidepressivum
- macht Lust: Ein Anstieg des Sexualhormons Testosteron führt zu besserem Sex
- kräftigt das Herz, senkt den Blutdruck und reguliert den Cholesterinspiegel
- stärkt das Immunsystem, indem es die Anzahl der Killerzellen im Blut steigert
- macht schlank: Keine Diät ist so effektiv, weil das Fett durch einen erhöhten Stoffwechsel auch in den Ruhepausen vermehrt verbrannt wird.

Drehzahlbereich

Du solltest daher auch die faustgroße Hochleistungsmaschine in deiner Brust regelmäßig trainieren: dein Herz. Entscheidend ist dabei der richtige

Drehzahlbereich. Während zu untertouriges Training kaum eine Verbesserung deiner Herz-Kreislauf-Leistung zur Folge hat, kommt es durch Training in einem zu hohen Drehzahlbereich zu Materialverschleiß – die Lebensdauer der Maschine wird verkürzt.

Für die Berechnung deines persönlichen, idealen Drehzahlbereiches stellt die Sportwissenschaft verschiedene Methoden zur Verfügung. Die Berechnung nach Lebensalter ist die einfachste. Dazu brauchst du dir keinen piepsenden Pulsmesser umzuschnallen. Dafür reicht der Sekundenzeiger deiner Uhr. Lege Zeige- und Mittelfinger einer Hand an die Halsschlagader und zähle die Pulsschläge 60 Sekunden lang.

Maximale Herzfrequenz   *(MHF) = 220 – Alter*
Ruheherzfrequenz   *(RHF): Bitte messen!*
Maximale individuelle Leistung   *(MIL) = MHF – RHF*

Grundlagenbereich (lange Phasen mit niedriger Intensität)
= MIL x 65% + RHF
Aktivierungsbereich (kürzere Phasen mit höherer Intensität)
= MIL x 85% + RHF

Beispiel:
Alter 42
Ruhepuls 75 Schläge/Minute

MHF = 220 – 42 = 178
MIL = 178 – 75 = 103

Grundlagenbereich: 103 x 65% = 66,95
66,95 + 75 = 142 Schläge/Minute

Aktivierungsbereich: 103 x 85% = 87,55
87,55 + 75 = 163 Schläge/Minute

Pimp my Body!

Weg mit dem Speck!

Ausdauertraining ist noch dazu eine ausgezeichnete Möglichkeit, um deine Speckröllchen abzubauen. Aber nicht, wie das immer so empfohlen wird. Trainer, Fitness-Gurus und sogar Ärzte empfehlen meist ein Training mit niedriger Intensität als effektivste Methode zur Fettverbrennung. Behäbig und einschläfernd trotten sich die Massen dann durch die Parkanlagen dieser Stadt. Dabei ist das Abnehmen ganz einfach. Entscheidend ist einzig eine negative Energiebilanz. Nur wer mehr Energie verbrennt, als er durch die Nahrung zu sich nimmt, verliert an Gewicht.

Deshalb ist es an der Zeit, mit einigen Irrtümern aufzuräumen:

Mythos: Mit niedriger Trainingsintensität verbrennt man mehr Fett.
Faktum: Dieser Irrglaube ist leider weit verbreitet und basiert auf einer fehlerhaften Interpretation wissenschaftlicher Studien und der Unkenntnis von grundlegenden Vorgängen im Stoffwechsel. Zugegeben: Der Körper greift bei niedrigen Belastungen verstärkt auf Fettreserven als Energiespender zurück und verlässt sich bei hoher Belastung eher auf Kohlenhydrate. Tatsache ist aber, dass beim Training mit geringer Intensität insgesamt weniger Energie verbraucht wird als beim Training mit hoher Intensität.

Das heißt: Trainiert man mit geringer Intensität, wird zwar prozentuell mehr Fett verbrannt, absolut aber weniger Energie verbraucht. Die absolute Menge an verbranntem Fett ist deshalb bei wenig intensivem Training in Summe geringer. Bei höherer Intensität nimmt der relative (prozentuelle) Anteil der Fettverbrennung ab, die absolute Menge an verbranntem Fett steigt allerdings rapide an.

Konsequenz: Absolviere ein regelmäßiges Ausdauertraining und variiere die Intensität. Gönn dir zwischendurch ruhig einmal Phasen mit höherem Tempo und verabschiede dich von deinem Hüftspeck.

Mythos: Ausdauertraining fördert die Fettverbrennung am effektivsten.
Faktum: Krafttraining ist da weitaus effizienter. Erstens ist der Energieverbrauch während eines Krafttrainings höher als bei einer gleich langen Ausdauereinheit.

Zweitens führt Krafttraining zum so genanntem „Nachbrenneffekt". Das heißt, der Körper verbrennt Fett noch bis zu 48 Stunden nach Beendigung des Trainings. Wenn du frisch geduscht längst wieder im Café sitzt. Drittens verbrennt eine trainierte Muskulatur mehr Energie – den ganzen Tag über. Ein trainierter Körper hat einen höheren „Grundumsatz" und verbraucht selbst in absoluter Ruhe mehr Energie, egal ob du vor dem Fernseher sitzt, Zeitung liest oder schläfst.

Konsequenz: Trainiere deine Ausdauer und kräftige deine Muskulatur.

Zen und die Kunst, über ein Seil zu springen

Eine der besten und kurzweiligsten Möglichkeiten, deine Ausdauer zu verbessern, ist gleichzeitig auch die einfachste. Du brauchst dafür nicht einmal das Haus zu verlassen und kannst sogar im karierten Pyjama üben, den dir deine Mutter zu Weihnachten geschenkt hat. Das einzige, was du brauchst, ist eine Springschnur. Und die bekommst du in jedem Sportgeschäft.

Das Problem an der Sache ist nur, dass man es nicht kann. Die ersten Versuche, in regelmäßigen Abständen über die Schnur zu hüpfen, enden fast immer in ordinärsten Fluch-Anfällen. Schnurspringen ist aber eine der effektivsten Formen des Ausdauertrainings. Damit trainierst du deinen Körper ungefähr fünfundzwanzig Mal effizienter als beim Joggen.

Übe dich als Zen-Meister. Wenn sich die Schnur wieder zwischen deinen Zehen verfangen hat oder dich gerade erwürgen wollte, dann lächle einfach wie die Buddhastatue vom Chinarestaurant und beginne von vorne. Vielleicht baust du irgendwann sogar ein paar Tricks ein – springst mit überkreuzten Armen oder drehst die Schnur gleich zweimal unter deinen Füssen durch. Deinen Knien und Füßen zuliebe solltest du aber immer mit Schuhen springen oder auf einer weichen Matte üben.

Stell dir eine Küchenuhr und versuche eine Runde zu zwei Minuten durchzuhalten. Alle zwei Wochen kannst du dann um eine Runde erweitern, bis du auf sechs volle Runden kommst. Zwei- bis dreimal die Woche für 12 Minuten seilspringen wird deinen Körper in einen leistungsstarken Dynamo verwandeln.

Und dem Schwimmreifen an deinen Hüften die Luft auslassen.

Urban Flow

Du kannst aber auch die abenteuerlichste Variante eines urbanen Ausdauertrainings versuchen: Die neuen Helden erheben sich über die einengenden Betonbauten größenwahnsinniger Stadtplaner und funktionieren sie kurzerhand in eine Trainings-Arena für körperbewusste Freigeister um. Zieh eine Hose an, setz eine Mütze auf und gib dir die Rock 'n' Roll-Version des Nordic Walking Seniorenclubs.

Die Stadt ist dein Sportplatz. Du eroberst sie im Laufschritt. Mit dem gewohnten Schlendern von einer Auslage zur nächsten hat das aber nichts zu tun. Vielmehr löst du dich von den gewohnten und gekennzeichneten Wegen und lässt deiner Kreativität freien Lauf. Dann nützt du jedes alltägliche Hindernis als willkommene Übungsmöglichkeit und schlängelst, springst, balancierst und läufst durch den Dschungel der Großstadt. Du wechselst dein Tempo ständig und beginnst irgendwann sogar zu laufen.

Dabei gilt es immer, sich möglichst effizient und elegant durch die Stadt zu bewegen. Überschätze dich aber nicht und verzichte auf halsbrecherische Akrobatikeinlagen – was zählt, ist die fließende und ökonomische Kunst der Fortbewegung.

Der entstehende „Flow" erhebt dich über Grenzen der Betonwüsten und führt zur grenzenlosen Freiheit der eigenen Individualität.

Du kannst durch die Stadt gehen, traben und laufen und dabei immer wieder:

- über einen Randstein balancieren
- über ein Hindernis springen

- zwischendurch einige Kraftübungen absolvieren
- eine Stiege auf und ab sprinten
- rückwärts gehen und laufen
- auf einem Kinderspielplatz einige Kletterversuche starten
- dich durch die Menschenmassen einer Einkaufsstraße schlängeln

Nütze jede Möglichkeit. Deiner Fantasie sind dabei keine Grenzen gesetzt. Deinem Körper schon. Höre auf deinen Körper und taste dich behutsam an deine Grenzen heran. Beachte auch die aktuelle Straßenverkehrsordnung und hüte dich im Park vor Gruppierungen Schnaps trinkender Outlaws. Die haben oft wenig Verständnis für kreative Gesundheitsmaßnahmen.

Du solltest dich zwischen einer halben Stunde und 90 Minuten bewegen und deinen Puls zumindest im Grundlagenbereich halten. Versuche dich aber ruhig auch einmal im intensiveren Aktivierungsbereich.

Die Welt bewegen

Laufen und walken kann aber auch zu einem transzendentalen Erlebnis werden. Und deinen Geist beflügeln. Dafür solltest du dir ausnahmsweise eine relativ gleichmäßige Laufstrecke suchen. Ob im Grünen oder auf abgelegenen Strecken der Stadt spielt dabei keine Rolle.

Übung: Weltbewegend

Du beginnst locker zu gehen oder zu laufen und achtest dabei auf eine gleichmäßige Atmung. Jetzt ist ein wenig Fantasie gefragt: Du änderst nämlich deinen gewohnten Blickwinkel und löst dich von dem kleinlichen Gedanken, dass du es bist, der da elegant durch die Welt läuft. Du stellst dir vielmehr vor, dass du mit jedem Schritt die Straße unter deinen Füssen rückwärts schiebst. Wie auf einem Förderband. Du läufst dann also nicht mehr auf die nächste Straßenlaterne zu – das kann doch jeder. Du schiebst vielmehr den Boden unter deinen Füßen nach hinten und bewegst die Straßenlaternen, Häuser und Mülleimer geradezu an dir vorbei. Du trittst dabei eigentlich immer auf der Stelle. Die

Welt bewegt sich allerdings unter dir und die Dinge flitzen nur so an dir vorbei. Dieses Gedankenspiel lässt den gewohnten Bezug von Objekt und Subjekt auf coolste Art und Weise verschwimmen und dreht die gewohnten Sichtweisen kurzerhand um. Anstatt dass du dich irgendwohin bewegen musst, kannst du die jetzt Welt unter deinen Füßen drehen.

Diese Methode wird nicht nur deine Ausdauer verbessern. Sie wird dich in eine Geisteshaltung führen, in der nichts mehr so ist, wie es früher einmal war. Das befähigt dich, die Welt auch einmal anders zu sehen. Das fördert den Weitblick, die Kreativität und geistige Erkenntnis.

Deine Bewegung verbindet dich dadurch in einer ungeahnten Intensität mit deiner Umwelt und dem universellen Bewusstsein. Versuche so lange wie möglich in diesem Zustand zu bleiben – zumindest aber für 30 Minuten.

Anders als bei heimtückischen LSD-Trips kommst du da leicht wieder runter. Du wirst aber überrascht sein, wie sich das Training auf deinen Geist ausgewirkt hat. Du bist jetzt viel gelassener, ausgeglichener und sprühst nur so vor neuen Ideen.

Fast Food Power

Bei soviel Bewegung bekommt man gleich einen gesunden Appetit. Neben Training und ausreichender Erholung gehört eine gesunde Ernährung klarerweise zu einem anständigen Programm. Keine Angst. Ich werde dich jetzt nicht mit irgendwelchen Diäten und Kochrezepten quälen.

Die Zeiten haben sich geändert. Für aufwändige Menüs am heimischen Herd bleibt keine Zeit. Meist isst man nur noch auswärts. Außerdem blickt bei der Vielzahl an Diäten sowieso niemand mehr durch. Dann greift man gerne zu den bunten Pillen aus dem Reformhaus – da ist ja alles noch viel konzentrierter enthalten. Vitamine, Mineralien, Algen, Aminosäuren und was der Mensch sonst noch so braucht. Die schlimmsten Freaks sind oft Sportler und solche, die es sein wollen. Ohne Kreatin, Protein und Carnithin geht nichts mehr. Obwohl sich die Zaubermittel schneller ändern als deren Preise, zweifelt niemand an der Wirksamkeit. Trotzdem fallen vielen Ernährungspäpsten früh die Haare aus – meist wirken sie schlapp und auch nicht jünger aus als die anderen.

Mit Hingabe und Dankbarkeit verzehrt, kann auch das ungesündeste Nahrungsmittel zur Götterspeise werden. Ansonsten würden viele Menschen in Kriegs- und Notgegenden gar nicht überleben. In Zeiten der Hungersnot würdest du dich wohl auch nicht viel um Kalorien, Proteingehalt und E-Nummern scheren.

Aber auch Einladungen, Feiern und Feste bieten einfach mehr als das Salatbuffet. Kein Problem! Mit Hilfe eines magischen Rituals kannst du aus jedem Bissen ein kraftspendendes Wunder-Elixier zaubern. Notfalls sogar aus einem Cheeseburger. Wichtig ist dabei gar nicht so sehr, was man isst. Viel wichtiger ist, wie man isst.

Übung: Mac Alchemist – verwandle Blei zu Gold!

Durch folgende Zutaten kannst du deine Speisen jederzeit aufladen und in ein Kraft spendendes Elixier verwandeln:

Demut: Sei vor allem dankbar, dass du überhaupt etwas zwischen deine Zähne schieben kannst. Immerhin ist es nicht so selbstverständlich, dass du keinen Hunger leiden musst. Halte kurz inne und bedanke dich für die Gnade eines vollen Tellers. Beim Universum, der Matrix, Gott oder meinetwegen auch bei Captain Kirk.

Aufrichtigkeit: Setze dich aufrecht und gerade hin. Lümmeln zeugt von schlechtem Benehmen – das hat dir deine Mutter ja auch schon immer gesagt.

Konzentration: Widme dich mit voller Aufmerksamkeit der Aufnahme deiner Nahrung. Versuche mit allen Sinnen zu essen. Rieche, schmecke und fühle deine Nahrung. Höre das Geräusch, wenn du in einen knackigen Apfel beißt. Wenn du aber Schreie hörst, solltest du schleunigst damit aufhören.

Mahlwerk: Kaue jeden Bissen mindestens 20 Mal. Noch besser wären 30–50 Mal. Das ist am Anfang gar nicht leicht.

Dieses Ritual hat aber noch eine ganz andere Wirkung. Wenn du dir erst einmal wirklich bewusst einen fettigen Cheeseburger oder eine andere künstliche Kreation aus den Labors der Lebensmittelindustrie zwischen die Zähne geschoben hast und diese auch noch mit allen Sinnen vertilgen musst, wirst du erstmals um die weit verbreitete Geschmacksverwirrung wissen, die nur aus dem hektischen Hinunterschlingen entstehen kann. Dein ursprünglicher Überlebens-Instinkt wird dann wieder aktiviert und du wirst ganz von selbst lieber zu natürlichen, unbehandelten und weitaus gesünderen Speisen greifen. Auch ohne die Ermahnungen und verworrenen Regeln der Diätheinis. Zwischendurch kannst du dich dann immer noch kleineren lukullischen Sünden hingeben – und sie ohne schlechtes Gewissen in vollen Zügen genießen.

Trinkerheilanstalt

Natürlich willst du dazwischen auch trinken. Immerhin besteht dein Körper zum Großteil aus Flüssigkeit. Aber nicht aus Cola, Limonade, Kaffee und Mojitos, sondern aus reinem Wasser. Wasser ist daher auch die erste Wahl, um die Tanks aufzufüllen. Auch wenn du gar keinen so großen Durst hast. Auf das Durstgefühl kann man sich heutzutage leider auch nicht mehr verlassen. Gönn dir daher zwischendurch immer wieder ein Glas reines Wasser. 2–4 Liter pro Tag sollten es schon sein. Dadurch schwemmst du die Gifte aus dem Körper und hältst deine gute Stimmung und körperliche Leistungsfähigkeit am Zenith.

  Leider bekommt man wirklich reines und gutes Wasser nur selten. Das Leitungswasser bringt meist mehr Metall und Chemie von seiner weiten Reise mit, als einem lieb ist. Und selbst die teureren Mineralwässerchen sind oft mit billigeren Wassern gestreckt. Oder werden zumindest mit perlender Kohlensäure und unaussprechlichen Geschmacksnuancen zu schwächelnden Lifestyle-Drinks aufgemotzt.

  Trotzdem kannst du ein Gläschen reines Wasser jederzeit beleben und zu einem Glas heller Freude transformieren. Der Schlüssel dazu liegt zwischen deinen Ohren.

Der Japaner Masaru Emoto hat dazu erst vor wenigen Jahren eindrucksvolle Dokumente veröffentlicht. Er entwickelte ein Verfahren, um die Kristalle von gefrorenem Wasser unter dem Elektronen-Mikroskop zu fotografieren. Wirklich sensationell waren dabei aber die Veränderungen der Kristall-Muster, nachdem Emoto die Wasserproben mit Etiketten beklebte, auf die er vorher Worte wie „Dankbarkeit", „Frieden" und „Liebe" kritzelte. Die Kristalle veränderten ihre Form und reihten sich in harmonische Muster mit beruhigender Wirkung. Offensichtlich wirkten sich die gütigen Worte auf den Etiketten auch positiv auf die Energie des Wassers aus. Emoto ist ein echter Held. Doch was zählt, ist nicht das geschriebene Wort auf den Etiketten, sondern einzig die tiefgründige Überzeugung der Ausführenden. Vergiss die Etiketten – es ist nur dein Geist und deine Energie, die jedes Wässerchen zum lebhaften Zaubertrank transformieren. Deshalb macht es auch nichts, dass Emoto unschöne Bilder von verworrenen-chaotischen Kristallmustern veröffentlichte, die vorher mit wilder Rockmusik berieselt wurden – klassische Musik und Harfenklänge aber schöne Ornamente erzeugten. Damit bestätigte er die Esoterik-Gemeinschaft wieder einmal in ihrem Musikgeschmack: Harfen und Gandalf statt AC/DC und Rap-Rhymes! Aber keine Panik – du kannst dich getrost weiterhin den edlen Klängen der Stromgitarren und wilden Sprechreimen hingeben. Denn wie gesagt, es hängt alles vom Betrachter ab.

Übung: Wasserbelebung

Führe das folgende Ritual aus, bevor du einige Schlückchen aus deinem Wasserglas trinkst: Entspanne fich und aktiviere deine Energie durch ein paar Runden des Energiekreislaufes (vgl. Übung Seite 102). Lenke die Energie dann über den Atem in deine Hände (vg. Übung Seite 107). Umgreife das Glas anschließend mit beiden Händen, schließe die Augen und visualisiere, wie deine Energie das Wasser belebt. Einige Sekunden reichen dazu aus. Dieses Ritual funktioniert bei allen Getränken. Bei glasklarem Wasser wirkt die Belebung aber am besten.

Umweg zur Traumfigur

Mit regelmäßigem Training und einer bewussten Ernährung wirst du schnell überflüssige Fettpölsterchen verbrennen. Du kannst fast dabei zusehen, wie sich dein Körper verändert und deine sexy Form frei gibt. Kalorientabellen brauchst du dazu keine. Trotzdem ist es wichtig, die Größe deiner Snacks im Auge zu behalten. Denn davon hängt dein Körpergewicht und Fettanteil letztendlich ab. Wenn du genauso viel verbrauchst, wie du zu dir nimmst, ändert sich nichts. Verbrennst du weniger, wirst du bald nicht mehr in deine Hosen passen. Verbrauchst du aber mehr Energie, als du zu dir nimmst, kann die nächste Bademodensaison ruhig kommen. Wenn du um nur 250 Kcal mehr verbrennst, dann wirst du in einem Monat ein volles Kilogramm Fett verlieren. Garantiert!

Den ganzen Tag über Kalorien zählen ist extrem langweilig. Wenn du dich aber für den eigenen Körper sensibilisiert hast, wirst du bald „aus dem Bauch heraus" wissen, wie es um deine Energiebilanz bestellt ist. Und sie regelmäßig anpassen. Wer nämlich glaubt, durch ständiges Hungern eine gute Figur machen zu können, wird bald eines Besseren belehrt. Der Körper schaltet in Zeiten andauernder Unterernährung sofort auf das Notprogramm um. Alle Stoffwechselvorgänge werden verlangsamt. Das führt dazu, dass man nach einiger Zeit überhaupt kein Fett mehr verbrennt – auch wenn man eigentlich fast gar nichts mehr isst. Kaum kehrt man aber wieder zum gewohnten Speiseplan zurück, schnellt der Zeiger der Waage unsensibel in die Höhe.

Die Diätexperten nennen das Jojo-Effekt. Zu wenig Nahrung verlangsamt langfristig den Stoffwechsel. Zu viel des Guten setzt sich an der Wampe und den Hüften ab. Kein Wunder! Dein Körper braucht auch hier Buddha & Rock 'n' Roll!

Buddha-Tage sind dabei Tage, an denen du etwas weniger Nahrung zu dir nimmst. Iss mehr Gesundes und achte auf kleinere Portionen. Bevor dein Körper aber den Stoffwechsel auf Sparbetrieb schaltet, überraschst du ihn mit einem ordentlichen Rock 'n' Roll-Tag. Dann haust du einmal so richtig rein und genießt alles, was du willst. Und so viel du willst. Um am nächsten Tag wieder gepflegt als geläuterter Buddha zu speisen. Wenn du Fett verlieren möchtest, solltest du auf drei bis vier Tage „Buddha" einen Tag Rock'n'Roll anhängen.

Willst du hingegen Muskeln aufbauen und an Gewicht zulegen, ohne Fett anzusetzen, solltest du eher den Rock'n'Roll betonen. Nach zwei bis drei Tagen der Völlerei wird ein Buddha-Tag für den notwendigen Ausgleich sorgen.

Im Zick-Zack kannst du dich so zu deinem Wunschgewicht vortasten. Und es dann auch leicht halten.

Charaktersache

Menschen, die Nahrung nur nach den Kalorien bewerten, sind wie Kunstliebhaber, die ein wertvolles Gemälde nach dem Heizwert beurteilen. Über den wahren Gehalt sagt das nichts aus. Über die Wirkung schon gar nicht. Jedes Lebensmittel hat seine eigene Energie. Und die entsprechende Wirkung auf Körper und Geist.

Die Energie der Nahrung

So erkennst du den Charakter deiner Nahrungsmittel:

BUDDHA	ROCK'N'ROLL
ausdehnende Tendenz	zusammenziehende Tendenz
größer	kleiner
weicher	härter
wasserhaltiger	trockener
länglicher	runder
kürzer lagerfähig	länger lagerfähig
Gedeiht eher im wärmeren Klima	gedeiht eher im kälteren Klima
Geschmack: süß, sauer, scharf	Geschmack: salzig, bitter
pflanzlich	tierisch

	MEHR BUDDHA	MEHR ROCK'N'ROLL
Gemüse	Kartoffeln	Kichererbsen
	Tomaten	Linsen
	Paprika	Algen
	Gurken	Radieschen
	Sojabohnen	Petersilie
	Kohlrabi	Rote Rüben
	Kohl	Schnittlauch
	Erbsen	Feldsalat
	Pilze	Schwarze Bohnen
	Kürbis	
Nüsse	Mandeln	Sesam
	Walnüsse	Sonnenblumenkerne
	Haselnüsse	
	Erdnüsse	
Obst	Beeren	kleinere und rote Äpfel
	Apfel	Heidelbeeren
	Pflaumen	Erdbeeren
	Birnen	Aprikosen
	Melonen	Kirschen
	Trauben	Datteln
	Zitronen	
	Orangen	
	Feigen	
	Bananen	
Fisch	Karpfen	Dorsch
	Seezunge	Lachs
	Tintenfisch	Thunfisch
	Aal	Hecht
		Zander
		Forelle
		Hering
		Makrele

	MEHR BUDDHA	MEHR ROCK'N'ROLL
Fette	Olivenöl	Sesamöl
	Maiskeimöl	Kürbiskernöl
	Kokosfett	
Fleisch		Rind
		Lamm
		Wild
		Huhn
Milchprodukte	Butter	Ziegenkäse
	Milch und Buttermilch	Emmentaler
	Joghurt	Camembert
	Rahm	Quark
Süßmittel	Honig	
	Rohzucker	
	Malz	
	Obstsaft	
Süßmittel	Ahornsirup	
Gewürze	Rettich	Meersalz
	Senf	Miso
	Ingwer	Sesamsalz
	Knoblauch	
Getränke	Fruchtsäfte	Bittertee
	Schwarztee	Mu-Tee
	Kaffee	Kräutertee
	Wein	
	Bier	

Buddha und Rock 'n' Roll im Gleichgewicht:

Reis, Gerste, Hirse, Hafer, Weizen, Dinkel, Roggen, Amaranth, Quinoa
Salate, Sprossen, Wasser

Die Grundlage der Nahrung sollten meist Nahrungsmittel bilden, die im Gleichgewicht sind. Dann bleibst du auch im Gleichgewicht. Zutaten aus einer anderen Spalte kannst du leicht mit gegensätzlich geladenen Speisen ergänzen.

Wenn du aber ein wenig mehr Rock 'n' Roll-Power brauchst, weil du etwas Anstrengendes vor hast und dich wieder einmal durchsetzen musst, kannst du dich durch die entsprechenden Snacks stärken.

Für entspannende Buddha-Kraft kannst du dich umgekehrt durch den Genuss entsprechender Zutaten in Stimmung bringen.

Du kannst deine Nahrung aber auch noch zusätzlich aufladen:

MEHR „BUDDHA"	MEHR „ROCK 'N' ROLL"
abkühlen	kochen
verdünnen	backen
süßen	dünsten
bitter würzen	salzen
trocknen	einkochen
schärfer würzen	schälen

Diese Zuordnung erleichtert die Orientierung. Du kannst dich damit dopen, wie immer du es benötigst. Und dir die passenden Menüs sogar beim Japaner und in der Pizzeria zusammenstellen.

Du bist sexy!

Training und Ernährung sind etwas sehr Persönliches und sollten sich perfekt in deinen Tagesablauf einfügen. Immerhin bist du ja ein echtes Unikat. Auf dem Weg zur Topform können Ziele zwar durchaus sinnvoll sein und helfen, ein Zwischentief zu überwinden.

Bleib dabei aber auch immer realistisch. Es geht nicht darum, vor allem dünn zu sein. Eine sexy Ausstrahlung ist die Summe einer selbstbewussten Haltung, einer vorwiegend gesunden Lebensführung und vor allem der

Lebensfreude, die du versprühst. Das lässt sich nicht auf der Waage messen. Viel wichtiger ist, dass du dich wohl fühlst, das Leben genießt und die
Kraft hast, all das zu tun, was dir Spaß macht. Vergiss Normen und Idealbil-
der – du bist einzigartig! Du bist sexy!

Gandhi im Fight Club

Wie du üblen Typen dabei hilfst, ihre wunden Punkte zu finden, zum Ehrenmitglied der Friedensbewegung wirst und absolute Unbesiegbarkeit erlangst

Und wenn wir uns noch so bemühen und an unserer spirituellen Entwicklung arbeiten – von unseren Mitmenschen können wir das leider nicht immer erwarten. Oft gibt es Zoff. Das gemeine Getuschel hinterhältiger Arbeitskollegen ist oft nur der Anfang. Der zornige Glatzkopf mit dem Baseballschläger vielleicht das Ende. Und wenn du nicht als urbaner Eremit vereinsamen willst, dann musst du dich irgendwann auch mit solchen Leuten auseinandersetzen. Und das geht nicht immer friedlich ab.

Klosterfrau-Melissengeist

Viele esoterische Jünger machen uns etwas vor. In lethargischer Selbstgefälligkeit wird unendlicher Friede und allmächtiges Verständnis proklamiert. Zumindest solange es nicht um die eigene Kohle geht. Dann verändert sich das engelhafte Antlitz auch schnell zur Teufelsfratze. Es wird gejammert, intrigiert und gemobbt, was das Zeug hält.

Noch schlimmer sind die Feiglinge. Die gemeinsten Handlungen sind heutzutage meist solche, die eigentlich gar nicht stattgefunden haben. Das Unterlassen von Hilfeleistung, liebloses Ignorieren und präpotente Teilnahmslosigkeit zum Beispiel. Auch wenn sie unter dem Mantel eines esoterischen Gleichmutes versteckt werden. Da hilft auch kein Ohm-Gesang mehr.

Der Gandhi-Faktor

Den eigenen Zorn und innerste Aggressionen bewusst anzuerkennen, ist ein mutiger Schritt. Denn erst dann kann man auch konstruktiv damit umgehen lernen. Doch so wie viele kleine Kinder glauben, dass sie unsichtbar sind, wenn sie sich die Augen zuhalten, glauben viele Erwachsene, dass sie ihre Aggressionen einfach unterdrücken können. Gelten die doch als äußerst unschick. Mädchen wird schon in der Kindheit eingetrichtert, dass frau nicht raufen darf. Und Jungen haben es meist auch nicht mehr leichter.

In unserer kultivierten Welt gibt es keine Chancen mehr, mit seiner unbändigen Wut umgehen zu lernen. Und der Zorn wird immer größer. Aggression, emotionale Erniedrigungen und körperliche Gewalt bestimmen die Straßen einer modernen Großstadt. Manche versuchen ihre Wut zu verbergen und den Schein einer friedvollen Gandhi-Identität aufrechtzuerhalten. Um dann zumindest den Kellner und die Kassiererin vom Supermarkt wie den letzten Dreck zu behandeln.

Echter Frieden schließt Gewalt aber immer auch mit ein. Mahatma Gandhi wusste das. Die Ikone aller Pazifisten und Menschenrechtler beendete 1947 die britische Kolonialherrschaft über Indien. Mit einem völlig gewaltfreien Widerstand. Und wies dennoch immer wieder darauf hin, dass ein mutiger und gewaltbereiter Mensch dem Frieden meist viel näher ist als ein schwacher und feiger Mensch mit schlummerndem Aggressionspotenzial. „Der Gewalttätige kann wenigstens darauf hoffen, eines Tages gewaltlos zu werden. Der Feigling hat diese Möglichkeit nie", predigte er eindringlich.

Er forderte die Menschen auch gleich dazu auf, ihre Gewalt und Aggression zu transformieren, um als wahrhaft gewaltfreie und starke Persönlichkeiten für Freiheit, Gerechtigkeit und Liebe einzustehen.

Mutter, Vater, Kind

Das Eine kann in der Matrix ohne das Andere ja sowieso nicht existieren. „Der Krieg ist der Vater aller Dinge", stellte einst der griechische Philosoph Heraklit fest. „Und wer bitte soll dann wohl die Mutter sein?", fragen viele. Na wer schon. Wenn der Krieg der Vater ist, dann wird der Frieden wohl die Mutter sein. Und am besten lebt es sich immer noch im trauten Familienverband.

Aggression ist weder gut noch schlecht. Es kommt nur darauf an, wie man sie einsetzt. Seine innerste Wut und Aggression gegen andere zu richten, ist klarerweise zu verurteilen. Vom unendlichen Leid des Krieges können dir deine Großeltern vielleicht noch berichten. Um nichts besser ist es aber, seinen Zorn gegen sich selbst zu richten. Unerklärliche Krankheitssymptome finden dann dankbaren Nährboden.

Aggression kann aber auch bedeuten, dass man nachts immer wieder einmal aufsteht, wenn das Baby schreit, die ganze Nacht durchmacht, wenn ein wichtiges Projekt fertig gestellt werden soll oder überhaupt einmal seinen Kadaver erhebt, wenn morgens um sechs der Wecker klingelt. Ohne Aggression hätten wir wahrscheinlich viel zu wenig Antrieb, um auch schwierigste Zeiten zu überstehen. Aggression wird trotzdem grundsätzlich verurteilt. Doch dann verlieren wir bald die Kontrolle darüber.

Krieger-Geist

Die schwierigsten Auseinandersetzungen finden meist im Alltag statt. Jeder muss an irgendeiner Front kämpfen: gegen vermeintliche Schwächen, gegen Erfolgsdruck, Frustration und Konkurrenten. Gegen Nattern, Machos und anderes Kleingetier.

Ob der Kampf in oder um uns tobt – der Weg zu Gelassenheit, Frieden und Ausgeglichenheit führt über die Entwicklung unserer Selbstverteidigungskräfte, getreu dem Motto: „Kämpfen zu können bedeutet, nicht mehr kämpfen zu müssen." In alten Hochkulturen gehörte der konstruktive Umgang mit Aggressionen und Gewalt noch zu einer ganzheitlichen Schulbildung und wurde, neben höfischem Benehmen, Dichtkunst und spiritueller Entwicklung, in den Lehrplan integriert. Ob bei den Rittern der Tafelrunde oder den japanischen Samurai – in jeder Kriegerkultur ging es nie um das blindwütige Vernichten des Gegners. Vielmehr ging es darum, sein Leben höheren ethischen Prinzipien zu widmen.

Die Zeiten haben sich geändert. Die Krieger auch. Die neuen Krieger und Kriegerinnen setzten deshalb auf Shinergy® (siehe auch Seite 174). Die Shinergy®-Prinzipien beruhen auf einem Ur-Wissen, das in Kriegerlehren der verschiedensten Kulturen zur inneren und äußeren Vervollkommnung verwendet wurde. Erstmals wird dieses Wissen nun für das 3. Jahrtausend nutzbar. Mehr Information findest du im Buch *Shinergy* und unter www.shinergy.com.

Zum Krieger und zur Kriegerin wird man heute nicht mehr geboren. Zum neuen Krieger fühlt man sich berufen. Folge dem Ruf! Der Weg des Kriegers ist aber nicht für jeden geeignet. Manchen ist er viel zu intensiv. Du solltest aber zumindest dein Leben verteidigen können. Dann musst du es hoffentlich nie.

Dafür wird aber deine Wahrnehmung geschärft sein, dein Selbstbewusstsein gesteigert und ein gelassener Umgang mit Aggression, Angst und Stress möglich. Du wirst Konflikte und Probleme konstruktiv lösen können.

Trockenschwimmen

Abkürzungen dazu gibt es nicht. Leute, die glauben, diesen Teil der Matrix einfach ignorieren zu können, haben sie nicht verstanden. Buddha braucht immer Rock 'n' Roll!

Manche versuchen sich auch im Trockenschwimmen. Erlernen in Kursen eine selbstbewusste Körpersprache, eine überzeugende Rhetorik und ein paar Griffe und Hebel. Um im Falle eines realen Angriffes mit schlotternden Knien und zur Salzsäule erstarrt dabei zuzusehen, wie sie zum Opfer nackter Gewalt werden. Nur wenn man im hintersten Winkel seines Herzens auch weiß, dass man sich im Notfall realistisch verteidigen kann, werden die Signale auch beim Angreifer ankommen. Das kann den Kampf schon im Vorhinein verhindern.

Schöngeister und böse Buben

Die meisten traditionellen asiatischen Kampfkünste, so wie sie heute unterrichtet werden, sind aber in der kalten Realität einer finsteren Tiefgarage völlig unbrauchbar. Dafür sind sie auch nicht geschaffen worden.

Manche waren als Lockerungsgymnastik zwischen stundenlangen Meditationssitzungen gedacht. Andere dienten der Erziehung zur politischen Korrektheit. Mit starrem Kampfsport-Drill solltest du dich also erst gar nicht aufhalten. Der treibt dem ungehobelten Klotz aus dem Irish-Pub sowieso nur die Lachtränen in die Augen.

Das gleiche gilt leider für Kurse intellektueller Schöngeister. Tai Chi & Co sind zwar ausgezeichnete Methoden, um deine Energie wieder in Schwung zu bringen, und waren früher einmal äußerst effektive Selbstverteidigungstechniken. Heutzutage werden sie aber oft von Theoretikern unterrichtet, die noch nie in einem realistischen Straßenkampf standen und den Mundgeruch eines brutalen Säufers auf Entzug nur vom Hörensagen kennen.

Wer aber glaubt, mit anmutiger Choreografie und dem Rezitieren von Asia-Poesie auch nur eine Sekunde in einem realen Straßenkampf zu überleben, sollte sich schon zu Lebzeiten intensiv mit der Reinkarnationstheorie auseinandersetzen. Eine zweite Chance hat schließlich jeder verdient.

Du musst ja nicht gleich übertreiben. Militärische Nahkampftechniken und andere „tödlich-brutale" Hobbys alleine führen höchstens dazu, dass du den Zoff magnetisch anziehst. Außerdem kämpft beim Militär längst keiner mehr im Nahbereich.

Die beste Selbstverteidigung der Welt

Die effektivste Verteidigung, die ich kenne, ist der hurtige Sprint. Wenn du ernsthaft angegriffen wirst, dann nimm die Beine unter den Arm und lauf um dein Leben – so schnell du kannst. Und dreh dich erst wieder um, wenn du zu Hause unter der Decke liegst. Dann hast du gewonnen. Denn jeder vermiedene Kampf ist ein Sieg.

Hahnenkampf

Dass Menschen nicht weglaufen, kann mehrere Gründe haben. Manche unterschätzen die Gefährlichkeit der Situation. Andere überschätzen sich selbst. Am häufigsten steht ihnen aber ihr Ego im Weg. 99,9 Prozent aller Kämpfe könnten vermieden werden, wenn sich das erwählte Opfer schleunigst verdünnisieren würde. In 99,9 Prozent der Kämpfe geht es auch um nichts. Meist geht es nur um irgendeine Lappalie und kindische Versuche, sein aufgeblähtes Ego zu verteidigen. Auf infantile Revierkämpfe kannst du sicherlich verzichten. Dreh dich einfach um, wechsle das Lokal und feiere einen großen Sieg – den Sieg über dein Ego.

Für Frauen gelten diese Tipps aber nur bedingt. Wenn Frauen körperlich bedroht oder sexuell belästigt werden, ist die Lage immer ernst.

Grenzkontrolle

Um nicht überraschend angegriffen zu werden, solltest du immer auf das Einhalten deiner Grenzen achten. Am besten machst du einen Schritt nach hinten und streckst beide Arme nach vor. Halte die Handflächen dabei in der Mitte – etwa in Halshöhe. Das schützt die empfindlichsten Stellen deines Körpers. Erhebe deine Stimme und sprich laut und deutlich. Auch wenn es dir peinlich ist. Am besten schreist du dem Typ gleich laut „Stop!", oder „Schluss jetzt!" entgegen. Laut zu werden ist mitunter auch das Beste, was

du in diesem Moment machen kannst. Nicht nur weil du die Aufmerksamkeit anderer auf dich lenkst. Die meisten Angreifer lassen von ihren Opfern ab, wenn diese nur laut werden. Das Einnehmen einer kunstvollen Kampfstellung solltest du dabei aber vermeiden. Dadurch warnst du den Angreifer nur vor und beraubst dich des Überraschungseffekts. Diesen Umstand sollten vor allem Frauen beherzigen. Der Überraschungseffekt eines überzeugten Konterschlages wiegt die körperliche Unterlegenheit bei weitem auf.

Es kann überall passieren. Auch dort, wo du es am wenigsten erwartest. Viele körperliche Angriffe auf Frauen finden meist sogar im vertrauten Freundes- und Familienkreis statt. Aber auch der fieseste Straßenschläger will eigentlich gar nicht kämpfen und dabei vielleicht auch noch einen schmerzhaften Gegentreffer riskieren. Er will dich einfach nur fertig machen. Wenn möglich mit dem geringsten Aufwand. Die meisten Angriffe sind daher eher Überfälle. Du schlenderst lebensfroh durch die Gegend, träumst vom nächsten Urlaub und bist plötzlich mit der eiskalten Aggression eines finsteren Gesellen aus deinen Albträumen konfrontiert.

Am besten aktivierst du deine volle Aufmerksamkeit, sobald du die Wohnung verlässt. Bleib auch in der Stadt immer aufmerksam und beherzige folgende Ratschläge:

- Vermeide menschenleere Gegenden und fahr nachts lieber mit dem Taxi.
- In fremden Städten halte dich an einheimische Freunde und informiere dich über gefährliche Gegenden.
- Ruf dein Taxi immer vorher mit dem Handy und steige nicht in ein zufällig vorbeikommendes Auto ein.
- Parke dein Auto immer in einer beleuchtenden Gegend und achte darauf, dass du beim Verlassen eines Lokals nicht verfolgt wirst.
- Wechsle die Straßenseite, wenn dir jemand auffällig erscheint.
- Bei Provokation gehst du am besten in ein belebtes Lokal oder Geschäft.
- Bitte um Hilfe und lass dich zum Taxi begleiten.
- Meide leere Lokale und Ansammlungen von Gleichgesinnten.
- Verhalte dich in ungewohnter Umgebung möglichst unauffällig und vermeide zu langen Blickkontakt. Manche Menschen fühlen sich bereits nach einigen Sekunden des direkten Augenkontaktes provoziert. Auch deine Kleidung und dein Verhalten sollten der Umgebung angepasst sein. Auf Minirock und Vespa-Polo kannst du in der Harley-Bar ruhig verzichten.

Wenn du angesprochen wirst, sollte sich deine Aufmerksamkeit noch erhöhen. Lass dich nicht anhalten, reiß dich gegebenenfalls laut schreiend los und gehe zügigen Schrittes weiter. Geld kannst du woanders besser spenden. Achte bei Fremden auch immer auf versteckte Gegenstände und rechne immer auch mit einer versteckten Waffe unter Jacken und Plastiktüten. Du musst dabei ja nicht gleich zum Neurotiker werden.

Talk-Show

Erfahrene Angreifer werden dich anfangs aber selten körperlich angreifen – das wäre zu aufwändig. Meist versuchen sie ihre Opfer durch ein Gespräch einzulullen und schlagen erst dann zu, wenn man sich in entspannter Sicherheit wähnt. Halte bei Fremden daher immer einen gebührenden Sicherheitsabstand ein und lass ihn nicht zu nahe an dich rankommen. Manchmal wird das Opfer aber erst einmal ordinär beschimpft. Der Angreifer redet sich dadurch selbst Mut zu und versucht die zu erwartende Gegenwehr abzuschätzen. Wenn du dich davon beeindrucken lässt, bist du fällig. Da nützt auch der schwarze Gürtel nichts.

Mit Teilnehmern in meinen Selbstverteidigungs-Seminaren mache ich gerne folgendes Experiment.

Übung: Krafträuber

Zuerst lasse ich einen starken und selbstbewussten Mann aufstellen und seinen Arm waagrecht nach vorne strecken. Dann rezitiere ich das ABC laut von vorne nach hinten. Wenn ich dann versuche, seinen Arm nach unten zu drücken, wird mir das nicht gelingen. Meist ist er viel zu stark.

Dann beginne ich den Probanden unerwartet zu provozieren. Das fällt mir leicht. „Stell dich doch endlich einmal gerade hin und spann deinen Beckenboden. Oder kannst du das etwa gar nicht?" reicht meist schon aus. Der verunsicherte Teilnehmer, der sich innerlich fragt, was mich nun eigentlich sein Beckenboden angeht, kann meinem Druck auf seinen vorgestreckten Arm dann nichts entgegensetzen. Seine Kraft ist weg und ich kann seinen Arm mit einem Finger nach unten drücken.

Anschließend muss ich mich natürlich immer bei dem Teilnehmer entschuldigen. Aber das Beispiel zeigt eine beliebte Methode auf, mit der Straßenkämpfer ihre Opfer einschüchtern. Man wird zuerst einmal beschimpft – auf übelste Art und Weise. Erst wenn das Opfer erstarrt, kommt es zum eigentlichen Angriff. Und der gelingt dann meist sehr leicht.

Im Prinzip bestehen die schlimmsten Schimpftiraden aber auch aus nichts anderem als aus einzelnen Buchstaben – so wie das ABC auch. Erst deine subjektiven Interpretationen machen dabei den Unterschied aus. Und entscheiden über die Wirkung. Bei einem Liebesgedicht sind das vielleicht nur feuchte Augen. Bei wüsten Beschimpfungen meist regungslose Schwäche. Wüste Beschimpfungen und ungute Verbal-Attacken solltest du daher völlig neutral bewerten. Lass die flegelhaften Wörter einfach an dir abgleiten. Nimm es ja nicht persönlich und bleib mit deiner Aufmerksamkeit im Augenblick. Am besten du konzentrierst dich auf Details des Wüterichs. Das erleichtert später auch das Phantombild.

Noch besser ist es, wenn du ihn mit seinen eigenen Waffen besiegen kannst. Schrei ihm eine völlig aus der Luft gegriffene Frage entgegen. Etwa: „Und was war damals mit deinem Onkel Werner?", oder „Erinnerst du dich noch an Mexiko?" Wenn der Angreifer innehält und für einen Sekundenbruchteil über die völlig sinnlose Wortspende grübelt, nützt du seine kleine Denkpause und haust schleunigst ab.

Mobilbox

Wenn du nicht mehr weglaufen kannst, musst du dich wohl oder übel dem direkten Kampf stellen. Schalte aber trotzdem zuerst immer auf die Mobilbox und sei für den Bösewicht einfach nicht erreichbar. Immerhin ist der ungute Geselle meist noch körperlich überlegen und riecht nach Schweiß und Bier.

Harte Blocks und kunstvolle Abwehrbewegungen funktionieren nur bei den einstudierten Angriffen im Volkshochschulkurs. Unter einem ernst gemeinten rechten Haken eines enthemmten Schlägers brechen sie zusammen wie ein Streichholz. Bleib lieber weich und entspannt und weiche elegant aus. Der Angriff wird ins Leere laufen.

Die folgende Übung ist hervorragend dazu geeignet, das richtige Ausweichen zu erlernen. Du bekommst bald ein gutes Gefühl dafür, wie du die gegnerische Kraft an dir abgleiten lassen kannst. Außerdem trainierst du eine der wichtigsten Selbstverteidigungs-Fertigkeiten überhaupt: das Vermeiden von schwereren Verletzungen, wenn du auch einmal getroffen wirst. Und wenn du nicht gerade gegen einen 90-Jährigen mit 12 Dioptrien und 9 Promille antrittst, musst du wohl oder übel mit dem einen oder anderen Treffer rechnen. Dieser Umstand wird in keiner traditionell asiatischen Kampfkunst berücksichtigt. In Filmen funktioniert es ja auch so ganz gut. Aber einen Kampf, in dem du überhaupt nicht getroffen wirst, gibt es in Wirklichkeit nicht. In verkrampfter und angespannter Karate-Stellung haut es dich dabei relativ schnell aus den Socken. Wenn du weich bleibst, kannst du im besten Fall ausweichen. Im schlimmsten Fall überlebst du den Treffer aber zumindest.

Übung: Weich zum Sieg

Dazu brauchst du einen Übungspartner. Stell dich aufrecht und entspannt auf. Dein Partner umkreist dich und legt seine Hand auf eine beliebige Stelle deines Körpers. Dann versucht er, dich durch gleichmäßiges Schieben oder Stoßen aus dem Gleichgewicht zu bringen. Leiste keinen Widerstand. Gib nach und lass die Kraft mit einer eleganten Bewegung an dir abgleiten. Bewege dich dabei möglichst sparsam. Wenn der Angreifer gegen deine Schulter drückt, genügt eine kleine Bewegung im Schultergelenk – der Rest deines Körpers bleibt dabei völlig unbeeindruckt. Im Idealfall bewegst du dich gerade einmal im

nächstgelegenen Gelenk. Das kann wirklich Spaß machen. Dein Partner versucht dich immer schneller aus dem Gleichgewicht zu bringen. Du bewegst dich wie ein Breakdancer und gibst seiner Kraft „tänzelnd" überhaupt keinen Angriffspunkt mehr.

Übe auf diese Art und Weise gegen alle möglichen An-Griffe. Der Partner kann dich an der Hüfte, dem Kopf, dem Bauch, den Knien und den Füßen stoßen und ziehen. Du bleibst locker und lässt die gegnerische Kraft an dir abgleiten. Nach einiger Zeit und Übung kannst du dazu übergehen, ein wenig früher zu reagieren. Jetzt lässt du überhaupt keine Berührung mehr zu. Sobald der Partner nach dir greift, weichst du in gewohnter Manier aus. So schlängelst du dich elegant an fast jedem Angriff vorbei.

Leere Tasse

Im Kampf wie im Leben kommt es sowieso immer anders, als man denkt. Und die Selbstverteidigungsszenarien, die man im Trainingsraum einübt, sind in der Realität meist für die Katz'.

Das ständige Wiederholen von fix vorgegebenen Patentlösungen und „Wenn der Angreifer jenes macht, dann reagierst du so…!"-Auswendiglernen bringt nichts. Außer vielleicht das Bestehen der nächsten Gürtelprüfung. Lerne daher auch ständig zu improvisieren. Das macht dich unberechenbar.

„Variation statt Wiederholung" ist ein grundlegendes Shinergy-Prinzip. Die Shinergy-Kämpfer und -Kämpferinnen können ihre Abwehrbewegungen ständig variieren und sind dadurch auch auf unerwartete und völlig ungewohnte Angriffe vorbereitet. Wie Wasser, das sich jeder beliebigen Form anpasst, können sie ihre Verteidigung perfekt der Situation angleichen.

Gandhi im Fight Club

Bei anderen Bewegungen ist das ganz selbstverständlich: Als ich meiner Tochter das Fangen eines Balles beigebracht habe, wäre ich niemals auf die Idee gekommen, sie mit der ständigen Wiederholung genau vorgegebener Bewegungsfolgen zu langweilen. Sie kann ihre Fang-Bewegungen perfekt der Situation anpassen. Einmal fängt sie eben ein wenig mehr rechts, dann wieder weiter unten. Du kannst das hoffentlich auch. Mit der gleichen Selbstverständlichkeit, mit der du einen Ball fängst, musst du deine Abwehr und die Kontertechniken anwenden lernen. Dann werden sie dich beschützen.

Diesen Zustand nennt man in der Kampfkunst „Mu-Shin – der leere Geist". Mu-Shin ist alles, worauf es ankommt. Es ist die Essenz von Shinergy. Die Technik und ob man den Angreifer direkt zum Kinn tritt oder sich vorher noch fünfmal im Sprung dreht, ist zweitrangig. Gegenwärtigkeit kannst du im Alltag gut trainieren.

Schlag dazu im Kapitel „Wer früher lebt, ist später tot" nach. Wenn du angegriffen wirst, dann kannst du dazu deinen eigenen Atem beobachten. Das bringt dich wieder zurück in die Gegenwart.

Zahnpflege

Dem Angriff auszuweichen ist immer die erste Wahl. Erst wenn das nicht mehr möglich ist, musst du einen Angriff abwehren. Das kostet allerdings mehr Kraft und hinterlässt manchmal unschöne blaue Flecken an den Armen. Aber immer noch besser, als eine neue Zahnkrone zu riskieren.

Bei der Abwehr kannst du dich auf deine natürlichen Instinkte verlassen. Auf exotische und komplizierte Abwehrbewegungen kannst du ruhigen Gewissens verzichten.

Im Shinergy-Training verbringen wir die wertvolle Zeit daher ausschließlich mit drei instinktiven Grundbewegungen. Die Blocks bauen auf instinktive Bewegungsmuster, sind leicht zu erlernen und können alle Angriffe abwehren. Du kannst diese Techniken immer wieder zwischendurch üben. Vor dem Spiegel, im Badezimmer, oder wenn du auf dem Klo sitzt. Achte aber auf das bewusste Variieren und wehre damit imaginäre Angriffe aus allen möglichen Richtungen ab.

Übung: Starke Abwehr

Abwehr nach außen

Angriffe zum Kopf wehrst du am besten nach außen ab. Immerhin kommen die Schläge meist in der Kreisbahn eines wilden Wirtshausschwingers auf dich zu. Dazu hebst du den Arm abgewinkelt leicht hoch und öffnest deine Handfläche nach oben. Dabei wehrst du mit der Außenseite deines Unterarmes ab.

Beachte, dass du die die Abwehrbewegung immer auch nach vorne – auf den Angreifer zu – richtest. Das macht sie noch stärker. Übe mit dem linken und rechten Arm.

Abwehr Mitte

Mit dieser Bewegung wehrst du Angriffe gegen deinen Oberkörper ab. Sie ist aber auch hervorragend dazu geeignet, gerade Schläge gegen deine Nase aus der Bahn zu schlagen. Mit dem Unterarm oder der Handfläche schlägst du dabei von außen den angreifenden Arm zur Seite.

Abwehr unten

Last but not least die Abwehr gegen gemeinste Angriffe der untersten Schublade. Du klappst deinen Unterarm im Ellbogen nach unten und wehrst am besten mit der weichen Innenseite deines Unterarms ab.

Hast du die Grundbewegungen einmal halbwegs drauf, kannst du dazu übergehen, mit einem Partner zu üben. Am besten nach der Shinergy-Methode: „Aus der Vergangenheit lernen, wie man in Zukunft die Gegenwart meistert."

Übung: Schlaganfall

In Shinergy-Kursen kommt eine neue Methode zum Einsatz, die es erstmalig möglich macht, auch auf unbekannte Angriffe zu reagieren. Eine Methode, die es uns erlaubt, die objektive Analyse einer Situation und die entsprechende Handlung immer mehr an den Moment des Geschehens anzunähern. Diese Annäherung wird so lange trainiert, bis die Wahrnehmung einer Situation und die entsprechende Handlung in der Gegenwart verschmelzen. Die Methode ist so effektiv, dass mittlerweile auch viele Top-Kampfsportler der Weltelite danach trainieren.

Ein Trainingspartner greift dich mit einem beliebigen Angriff an, stoppt diesen aber ab und „friert" die Bewegung ein. Du hast nun ausreichend Zeit, den Angriff genau zu analysieren und dann die passende Verteidigung auszuführen: Lass dir Zeit, passe die Abwehr möglichst exakt dem Angriffswinkel und dem Abstand zum Angreifer an. Nach einiger Zeit wird die Übung mit einem beliebigen Angriff wiederholt, diesmal erfolgt die Abwehr allerdings schneller. Vielleicht nimmst du dir für genaue Analyse und entsprechende Gegenmaßnahme nur noch zwei Sekunden Zeit.

Indem die objektive Analyse der Situation und die Reaktion immer mehr an die Gegenwart angenähert werden, lernst du dein Handlungspotenzial schneller zu nützen. Dies wird so lange trainiert, bis deine Analyse und die situationsangepasste Reaktion gleichzeitig mit dem Angriff stattfinden. Bereits während des Angriffes kann die tatsächliche Angriffstechnik objektiv analysiert werden und die entsprechende Gegenwehr stattfinden.

Über das immer schnellere Nachdenken erreichst du die notwendige

Geistesgegenwart. Und die objektive Analyse ermöglicht es, deine
Techniken perfekt an die tatsächliche Situation anzupassen.

Konzentriere dich im Falle eines Angriffes daher nicht auf deine eigenen Bewegungen. Richte deine Aufmerksamkeit auf den Angreifer. Die Abwehr wird dann wie von selbst geschehen. Mit der folgenden Übung kannst du das noch verbessern.

Übung: Kopfrechnen

Dein Partner stellt sich vor dir auf und greift dich mit verschiedenen
Schlägen an. Gleichzeitig stellt er dir allerdings immer wieder kleinere
Rechenaufgaben – einfache Additionen reichen aus. Du wehrst die
Angriffe gelassen ab und brüllst ihm gleichzeitig auch das Ergebnis
entgegen.

Die Übung schickt dein rationales Denken auf die Reise. Im Kopf rechnest du, während du aus dem Bauch heraus die Angriffe parierst. Deine Bewegungen sind dann noch immer völlig bewusste Reaktionen – aber sie sind blitzschnell. So kannst du auf alle möglichen Attacken reagieren.

Notbremse

Bei aller Freundschaft. Wenn wir ehrlich versucht haben wegzulaufen, den grob-verbalen und tätlichen Angriffen vielleicht sogar noch ausgewichen sind, haben wir wirklich Geduld bewiesen. Sollte das aber immer noch nicht reichen und unser Leben bedroht sein, ist endgültig Schluss mit lustig. Dann heißt es kämpfen.

Bei allem Verständnis für die verkorkste Kindheit des Angreifers, seinen Drang nach Drogen und die enthemmende Wirkung von Alkohol: Wenn Leben und Gesundheit in Gefahr sind, gilt es, sie zu verteidigen – mit allen Mitteln. Das sind wir unseren Liebsten und unseren Kindern einfach schuldig.

Die Notwehr muss aber immer dem jeweiligen Angriff entsprechen. Eine Beziehungskrise rechtfertigt noch keine Fauststöße zum Kehlkopf. Außerdem muss die Verteidigung auch im Moment des Angriffes erfolgen. Späte Rache ist unhöflich und bringt dich mit dem Gesetz in Konflikt. Ist dein Leben allerdings im Moment bedroht, kannst du jeden Benimm-Knigge vergessen. Dann gibt es nur eine Regel:

Es gibt keine Regeln.

K.O.-Tropfen und Schaumschläge

Manchmal wundere ich mich wirklich, was alles als Selbstverteidigung verkauft wird. Ein Fauststoß zur Nase und ein Tritt in den Bauch sollen einen feisten Angreifer aufhalten? Solche Techniken bringen gar nichts – außer den Angreifer erst so richtig in Fahrt.

Waren die Trainer und selbsternannte Experten denn noch nie in einem Bierzelt auf dem Land? Dort kann man es zu später Stunde leicht beobachten: Eine gebrochene Nase hält jemanden, der dich gerade niederschlagen

oder gar erwürgen will, mit Sicherheit nicht von seinem Vorhaben ab – das steckt der weg wie nichts. Sein Blut geht in diesem Moment vor Adrenalin geradezu über. Vom Alkohol ganz zu schweigen. Um einen Aggressor zu stoppen, musst du es ihm unmöglich machen, dich weiterhin anzugreifen.

Die Weisheiten noch lebender Straßenkämpfer können dir dabei helfen:

Ein Angreifer, der dich nicht sehen kann, kann dich nicht mehr verletzen: Die Augen sind das primäre Ziel in einer lebensbedrohlichen Situation. Auch der größte Muskelprotz wird zum Gartenzwerg, wenn du deine Finger in seinen Augen versenkst.

Ein Angreifer, der nicht atmen kann, kann dich nicht mehr erwürgen. Wenn die Luft knapp ist, verliert man schnell die Lust am Zusammenschlagen anderer Menschen. Schläge zum Hals sind daher eine weitere ausgezeichnete Maßnahme, dich zu retten.

Ein Angreifer, der schläft, kann dich nicht mehr erschlagen. Ein K.O. entsteht, wenn das Spatzenhirn des Angreifers ordentlich beschleunigt wird. Das erreichst du am besten durch Schläge zum Kinn. Je weiter du den Schlag dabei zur Kinnspitze richtest, umso größer die Beschleunigung. Und umso schöner die Träume.

Ein Angreifer, der sich am Boden windet, kann dich nicht mehr vergewaltigen. Die Genitalien werden als Ziel meist überschätzt. Jeder Junge lernt schon früh auf seine Kekse aufzupassen. In einer Schlagkombination bietet sich dieses Ziel aber dankend an. Wenn der Angreifer deinen Faustschlägen nach hinten ausweicht, wird er dir automatisch seine Familienjuwelen präsentieren. Dann kannst du sie mit deinem Knie bekannt machen.

Ein Angreifer der nicht gehen kann, kann dich nicht mehr verfolgen. Die Knie sind ein weiterer K.O.-Punkt. Ein beherzter Tritt zum Knie wird dir die entscheidende Chance zur Flucht bieten.

Zugegeben, das klingt alles ziemlich brutal. Deshalb sind die Techniken ja auch so wirksam. Und dürfen wirklich nur in lebensbedrohenden Situationen eingesetzt werden. Dann können sie aber dein Leben retten.

Die Wahl der Waffen

Jetzt kennst du zumindest einmal die Ziele für eine effiziente Selbstverteidigung. Damit hast du den meisten Kampfsportlern schon einiges voraus. Du brauchst aber noch die entsprechenden Waffen. Im Shinergy-Training üben wir eine Vielzahl von Kampftechniken. Fortgeschrittene können sogar mit dem Bein, aus der Drehung und im Sprung jede erdenkliche Körperstelle mit voller Wucht treffen. Zur Selbstverteidigung genügen aber meist nur wenige Techniken. Und die setzen nicht einmal besondere Sportlichkeit voraus.

Übung: Die Techniken
Technik: Fingerstich

Die Augen des Angreifers erreichst du mit dem Fingerstich. Forme deine Hand wie in der Abbildung und winkle die Finger wie Krallen ab.
Mit den Fingerspitzen schlägst du dann zu.

Technik: Handballenstoß

Fauststöße sind nur für Profis. Und selbst die brechen sich im Kampf oft die Hand. Du solltest daher mit deinem Handballen zuschlagen lernen. Du triffst mit der Handwurzel auf. Am besten zum Kinn und Hals. Notfalls auch zu den Genitalien.

Technik : Kopfstoß

Diese Waffe verwenden erfahrene Straßenkämpfer mit höchster Freude. Ist es doch eine ausgezeichnete Möglichkeit sich aus unerwünschter Nähe zu befreien. Und sollte besonders von Frauen beherrscht werden. Stoße mit der Oberseite deiner Stirn – etwa im Bereich des Haaransatzes – zu.
Dort ist dein Schädel am härtesten. Versenke deine Stirn im Hals oder am Kinn des Gegners. Du kannst sie vorher aber auch zu seiner Nase stoßen.

Technik: Ellbogenschlag

Im Nahkampf kannst du außerdem auf deine Ellbogen vertrauen.

Du triffst aber eher mit dem unteren Teil des Unterarmes, knapp unter dem Ellbogen, auf. Ellbogenschläge kannst du von außen, nach oben und nach hinten üben.

Technik: Kniestoß

Kniestöße sind eine wirksame Methode zur Geburtenregelung. Du stößt dabei mit der Kniespitze gerade nach vor. Mitten in die Familienjuwelen.

Technik: Tritt

Die vielseitigen und schnellen Beintechniken im Shinergy-Training sind gefährliche Waffen. Immerhin sind die Beine nahezu dreimal so kräftig wie die Arme. Es erfordert aber einige Übung, spektakuläre Kicks einsetzen zu können. Nur fortgeschrittene Kämpfer und Kämpferinnen können wirklich effektiv zum Kopf treten. Ich werde mich daher an dieser Stelle auf einige einfachere Tritttechniken beschränken. Die sind sicherer.

Mit dem Halbkreisschritt kannst du schon von weitem zu den Knien und Genitalien des Angreifers treten, Trefferfläche ist dein Rist. Der Seitwärtstritt zielt zu Knien und Genitalien. Du triffst dabei mit der Ferse auf.

Diese Schlagtechniken solltest du regelmäßig üben. Das geht auch in deinen vier Wänden. Am besten, du besorgst dir im Fachhandel ein Schlagpolster und übst mit einem Partner. Oder hängst dir zu Hause einen Sandsack auf. Atme dabei immer aus und spanne beim Auftreffen deine Bauchmuskeln fest an.

Folgerichtig

Viele Angriffe sind aber weder Schläge noch Tritte. Meist wird der Angreifer versuchen, dich zu greifen, um dich dann zu würgen oder vielleicht nur in sein Auto zu zerren. Meist ist er auch noch körperlich überlegen. Da gilt es, seine Kraft auch gleich zu nützen.

Das erste Prinzip lautet daher : Folge immer der Kraft des Angreifers. Wenn dir der Bösewicht körperlich überlegen ist – und davon solltest du ausgehen – dann ist ein Kräftemessen sinnlos. Besser, du lernst die Kraft des Angreifers gegen ihn selbst zu richten und gibst entspannt nach.

Zieht dich der Angreifer zum Beispiel an sich, dann kannst du seiner Kraft leicht folgen und ihn wegstoßen. Im Ernstfall kannst du seinem Zug auch guten Gewissens nachgeben und dein Knie in seine Genitalien rammen, oder mit der Hand gegen sein Kinn stoßen.

Zieht dich der Angreifer ganz nahe ran, kann ein Kopfstoss für gebührenden Abstand sorgen.

Versucht dich der Angreifer jedoch wegzudrücken, dann kannst du seine Kraft nützen, indem du ihn an dich heranziehst. Ein kleiner Schritt zur Seite bringt ihn dabei vielleicht sogar aus der Balance. Ein Kopfstoß oder Ellbogenschlag mit Sicherheit. Drücke, wenn der Angreifer zieht! Ziehe, wenn der Angreifer drückt!

Steherqualitäten

Viele Straßenkämpfe enden irgendwann am Boden. Das ist so ziemlich die unerotischste Position zum Überleben. Und die gilt es mit allen Mitteln zu vermeiden.

Übung: Herauswinden

Am besten übst du im Zeitlupentempo. Dann kannst du dich für die vielen Lösungsvarianten sensibilisieren und sie später auch im vollen Tempo anwenden. Ein Partner versucht dich zu Boden zu bringen. Alles ist erlaubt. Allerdings darf er sich nur im Zeitlupentempo bewegen. Versuche dich aus jeder Umklammerung herauszuwinden. Bewege dich aber auch langsam, sonst stimmt das Zeitverhältnis zum Angriff nicht mehr. Nach einiger Übung beginnst du deine Waffen einzusetzen: Winde dich und schlag, trete und stoße so oft wie möglich zu empfindlichen Stellen des Partners.

Die Strategie kannst du auch in Bodenlage anwenden. Winde, drehe und schlängle dich aus der Umklammerung und versuche so schnell wie nur möglich zu schlagen und zu treten.

Manche Positionen erscheinen aber aussichtslos. Wenn der Angreifer beispielsweise auf dir sitzt und deine Arme am Boden fixiert, ist es nahezu unmöglich, einen ordentlichen Gegentreffer zu landen. Mach dir darüber aber keine Sorgen. In solch einer Stellung kann der Angreifer auch nicht viel mehr machen, als auf dir herumzuhocken – seine eigenen Arme sind ebenfalls fixiert. Einem Vergewaltiger wird das aber irgendwann zu wenig sein. Dann muss er seine Hose öffnen. Sobald er die Umklammerung dafür löst, wird sich die Chance zum Konterschlag bieten. Nütze sie! Sofort und mit aller Kraft!

Gandhi im Fight Club

Erste Hilfe

Manchmal erwischt es auch andere. Trotzdem schauen die meisten Menschen einfach weg, wenn eine Frau auf offener Straße brutal verprügelt wird. Nicht nur moralisch bist du zur Hilfeleistung verpflichtet – sogar im Gesetz ist das verankert. Zivilcourage ist gefragt. Mische dich aber auch nur dort ein, wo deine Hilfe erwünscht ist.

Ein lautstarker Streit eines Pärchens nach einem Seitensprung ist noch lange kein Grund, als hysterisch schreiende Kung-Fu-Bestie dazwischenzuhüpfen.

Auch die Handgreiflichkeiten unter Betrunkenen solltest du zuerst mit gebührendem Abstand beobachten. Wenn du unbedacht dazwischen gehst, wird der Trunkenbold im Dunste seiner Promille bald nicht mehr zwischen Freund und Feind unterscheiden können. Da er den anderen aber viel besser kennt, wird er im Zweifelsfall zuerst einmal auf dich einprügeln. Und von den späteren Entschuldigungen kannst du dir auch keine neuen Zähne kaufen. Behalte daher auch das vermeintliche Opfer immer im Auge.

Und verzichte bitte auf die rhetorischen Tricks vom letzten Mediations-Seminar. Ein Mensch in Rage, der gerade im Begriff ist, jemanden umzubringen, lässt sich durch sanfte Floskeln kaum von der moralischen Schlechtigkeit seiner Handlung überzeugen. Du musst ihn schon dort abholen, wo er gerade ist – auf 100 Grad Celsius. Schrei ihn laut an und verzichte ausnahmsweise auf dein gutes Benehmen. Am besten du beschimpfst ihn auch gleich lautstark, während du ihn wegzerrst. Dann hört er dich wenigstens. Dann versuchst du ihn aber auch gleich behutsam zu beruhigen. Und immer wieder ein wenig ruhiger und langsamer zu sprechen. Das bringt ihn runter.

Leichenstarre

Die beste Technik ist nutzlos, wenn Angst deinen Körper lähmt. Du solltest auf folgende Reaktionen vorbereitet sein:

Tunnelblick: Du wirst die Umgebung wie durch einen Tunnel wahrnehmen. Die Geräusche werden sich verändern und alles scheint in Zeitlupe abzulaufen.

Mundtot: Dein Mund wird staubtrocken und deine Zunge schwer.

Zitteraal: Deine Knie werden weich und du wirst am ganzen Leib wie Espenlaub zittern.

Farbenblind: Vielleicht wirst du alles sogar nur mehr in schwarz-weiß sehen. Dein Gehirn hat momentan auch andere Dinge zu tun, als dir die bedrohliche Situation in voller Farbenpracht zu präsentieren.

Blasenschwäche: Im Extremfall wird sich sogar deine Blase verselbständigen und du wirst dir vielleicht sogar in die Hose machen. Das ist aber ein völlig natürlicher Schutzmechanismus. Wird die volle Blase getroffen, kannst du daran sterben.

Alle Symptome sind völlig normale und wertvolle Mechanismen des Körpers. Wenn du das erst einmal weißt, wird es dich nicht mehr schwächen.

Deinen Angreifer geht das aber gar nichts an. .Lass dir nichts anmerken. Das Schlottern der Knie kannst du leicht hinter einem lässigen Auftippen der Füße im musikalischen Takt verbergen.

Das Geheimnis der Unbesiegbaren

Die vorgestellten Techniken und Strategien werden dich im Großstadtdschungel beschützen. Eine Garantie gibt es aber nicht. In der Kampfkunst bleibt man immer ein Anfänger, und wer heute glaubt, unbesiegbar zu sein, liegt morgen meist schon im Grab. Halte dich daher von Zoff fern.

Die vorgestellten Prinzipien werden deine Chance, einen Angriff zu überleben, aber entscheidend erhöhen. Vor allem, wenn du sie regelmäßig übst.

Am besten du meldest dich gleich bei einem Shinergy-Kurs an. Es kann aber auch ruhig eine andere Kampfkunst sein. Mit den vorgestellten Techniken und Übungen kannst du das Training dann aufpeppen und um den Realitätsanspruch erweitern. Und im Notfall auch um dein Leben kämpfen.

Ich hoffe, dass du das niemals musst! Die Chancen stehen aber gut: Immerhin führte dich das letzte Kapitel durch die finstersten Täler menschlicher Aggression. Wenn du es durchwandert hast, kannst du bald schon das Licht am Ende des Tunnels sehen. Und unbesiegbar werden.

Denn so wie du nur tief ausatmen kannst, wenn du vorher auch tief einatmest, kannst du nur zum Ehrenmitglied der Friedensbewegung werden, wenn du dich auch einmal mit der wilden Seite der Straße auseinandersetzt. Buddha & Rock 'n' Roll.

„Kämpfen zu können, bedeutet, nicht mehr kämpfen zu müssen!"

Außerdem hast du natürlich längst dein konstruiertes Ich einer fremdbestimmten Persönlichkeit überwunden. Dann musst du überhaupt nicht mehr streiten. Dieses fremdbestimmte „Ich" betrachtet das Leben als Schlachtfeld. Es streitet, kämpft und schützt sich vor allem und jedem. Alleine dieser Teil deiner Persönlichkeit sucht den Kampf. Und findet ihn überall. Immerhin sind ja dann auch alle gegen dich. Das Universum ist gegen dich, die anderen sind gegen dich und sogar dein eigenes Ich scheint sich gegen dein inneres Selbst verschworen zu haben.

Wenn du dich aber einmal von der Illusion einer Trennung vom Ich zum Du befreit hast und dich als vollkommener Teil des Universums anerkennst, hast du längst alles, was du brauchst – Glück, Selbstvertrauen und Freiheit. Dann brauchst du erst gar nicht darum zu kämpfen. Und bist unbesiegbar.

Ein Wort noch zu Shinergy®

Shinergy® [Shin – japan. für Geist, Herz und Emotion] vereint die Zen-Philosophie asiatischer Kampfkunst mit modernen Erkenntnissen der Sportwissenschaft – eine Kombination, die Körper und Geist ideal für die Herausforderungen des Alltags wappnet. Ziel ist der Zugang zu unserem vollen Potenzial an mentaler Stärke und Lebenskraft. Shinergy® basiert auf den drei Säulen:

Kampf: Die effektivsten Techniken europäischer und asiatischer Kampfkünste verschmelzen über die spezielle Methodik zur Einheit. Shinergy® löst sich von den starren Konzepten traditioneller Kampfkünste. Ohne Beschränkung auf einen speziellen Stil werden Verteidigungstechniken für alle Kampf-Distanzen erlernt.

Kunst: Ein neuartiges Unterrichtskonzept, das auf der Lehre des Zen-Buddhismus basiert, vermittelt Gelassenheit, Gegenwärtigkeit und selbstbestimmtes Handeln – auch in Stress- und Angstsituationen.

Körper: Ein umfassendes Körpertraining nach neuesten Erkenntnissen der Sportwissenschaft formt den Körper harmonisch.

Shinergy definiert eine völlig neuartige Trainingsmethodik, wird ausschließlich von zertifizierten Trainern unterrichtet und ist seit 2002 Pflichtfach im Lehrplan der Universität Wien. Auch innovative Unternehmen setzen in speziellen Seminaren für Manager und Mitarbeiter auf die Kraft von Shinergy. Mehr Informationen über Kurse und Ausbildungen findest du unter: www.shinergy.com und im Buch „Shinergy" im Verlag Orac.

Schicksals-Haft

Wie du reich und schön wirst, dein Karma pflegst und als Schmetterling am anderen Ende der Welt einen Waldbrand löschst

Moonwalk

Jetzt hast du fast alle Prüfungen bestanden. Danke, dass du mir bis hierher die Treue gehalten hast. Du wirst mir fehlen. Bevor ich mich verabschiede, möchte ich dich aber noch auf den Umstand hinweisen, dass ich die einzelnen Kapitel ganz anders geordnet habe, als du dir das so vorgestellt hast. Irgendwie rückwärts – schön von hinten nach vorne. Und so hast du dich auf dem Weg der neuen Helden in Wirklichkeit Kapitel für Kapitel rückwärts bewegt – wie ein Breakdancer im Moonwalk.

Als neuer Held hast du auch nur eine Wahl: Die Heimkehr zum Ausgangspunkt deiner Reise: zu deinem innersten Selbst. Was immer du ab jetzt auch tun wirst, du wirst es im Wissen um die universellen Prinzipien des Universums tun. Und den Rückweg sicher finden.

In Windeln

In Gesellschaft tut man sich da freilich leichter. Niemand ist gerne alleine. Problematisch wird die Sache erst, wenn wir unser ganzes Leben von der

Anerkennung anderer Menschen abhängig machen. Dann wird der Rückweg zum Labyrinth.

Als Kind war das natürlich recht praktisch. Man wurde gestillt, gewickelt und liebevoll umsorgt. Mittlerweile sind wir den praktischen Einweg-Windeln aber längst entwachsen. Und Mami und Papi wohnen auch schon längst woanders. Trotzdem verhalten sich viele Erwachsene noch immer so, als hätten sie die Gitterbetten nie verlassen. Laufen als ausgewachsene Riesenbabys durch die Gegend und schreien ständig nach Mami. „Mir geht's so schlecht. Ich bin so arm. So helft mir doch! – Maaami!"

In unserer modernen Welt gibt es auch keinen klar geregelten Übergang vom Kind zum Erwachsenen. Die gesetzliche Volljährigkeit, die Firmung und das Wahlrecht sind dabei höchstens noch ein guter Versuch. In früheren Zeiten war man noch viel besser organisiert.

Durch streng geregelte Initiationsriten wurde der Eintritt in die Gesellschaft der Erwachsenenwelt terminlich koordiniert und maßgeblich erleichtert. Die Jungen wurden an einem bestimmten Zeitpunkt von den Müttern getrennt und in einem streng geregelten Ablauf auf die Männerrolle vorbereitet. Mädchen wurden in eigene Hütten gebracht und mit mystischen Geschichten und anderen Ritualen initiiert. Danach kehrte man jedenfalls wieder in die Gesellschaft zurück und feierte erst einmal ordentlich ab. Immerhin galt man jetzt als richtig erwachsen. Mit allen Rechten. Und noch viel mehr Pflichten.

Die Rituale waren so unterschiedlich wie die Kulturen. Manche übertrieben dabei und schafften durch brutale und unmenschliche Riten großes Leid. Bevor du dich also jetzt in Eigenregie dem Versohlen deines Hinterns, einer brutalen Piercing-Orgie oder einem anderen brutalen Ritual unterwirfst, empfehle ich dir einen Blick hinter die Kulissen. Die Initiationsriten alter Zeiten waren ursprünglich keineswegs historische S/M-Gemeinschaften. Vielmehr ermöglichte man den Jugendlichen den bewussten Übergang zum Erwachsenenalter. Und übertrug ihnen die volle Verantwortung für das eigene Schicksal – und das ihrer Mitmenschen. Dadurch beschützte man die Gesellschaft auch ganz gut vor infantilen Jammerlappen, kindischen Neurotikern und anderen Quälgeistern.

Langfristig musst du daher einen kurzen Blick auf die Besetzungsliste deines Lebens riskieren.

Ein Drama

Das Leben ist eine Bühne. Die Rollen sind dabei allerdings meist längst verteilt und bestimmen die Handlung. Viele Menschen entscheiden sich für die Rolle des Opfers. Suchen die Schuld ständig bei anderen, fühlen sich dem Schicksal ohnmächtig ausgeliefert und machen im Notfall auch gerne die eigene Kindheit für ihr Leiden verantwortlich.

Andere wählen aber die Rolle des Täters. Haben immer Recht, suchen die Fehler mit Vergnügen bei allen anderen und werten sie dadurch zu Idioten ab.

Einige jedoch widmen sich mit Vorliebe der Rolle des Retters. Verneinen scheinbar selbstlos ihre eigene Bedürfnisse, sind immer nur für andere da und sonnen sich zu gerne in ihrer vermeintlichen Unentbehrlichkeit.

Manche wechseln die Rolle noch schneller als die eigene Unterhose. Das beginnt schon im Kindergarten: „Weil du jetzt meine Sandburg zerstört hast, werde ich auch deine zerstören. Und mit der Schaufel gibt's auch noch eine drauf!" Aus einem armen Opfer wird dann mit einem Schaufel-Schlag der rücksichtslose Täter. Vom Kindergarten schafft es dieses Trauerspiel dann auch spielend auf die Bühne der „Erwachsenen-Welt". Beziehungen, Teams, Unternehmen und ganze Staaten agieren nach den Mustern aus der Sandkiste: „Wie du mir – so ich dir".

Ob du dich nun für die Rolle des Opfers, Täters oder Retters entscheidest – du hast verloren. Und begibst dich in die zwingende Abhängigkeit von deinen Mitmenschen. Das legt dich in Ketten und macht dich manipulierbar. Niemand kann dir dann noch helfen. Diese Ketten kannst nur noch du selbst sprengen – du musst dich nur dazu entscheiden. Und endlich die volle Verantwortung für dein Schicksal übernehmen.

Bleib wachsam! Sonst wirst du dem Drama immer wieder auf den Leim gehen. Und ohnmächtig einem scheinbar unüberwindbaren Schicksal gegenüber stehen. Nimm Dein Leben in die Hand!

Kredithaie und die dunkle Seite des Kontostandes

Die dunkle Seite der Matrix wird es immer wieder versuchen. Sie wird dich in Gestalt schwerer Schicksalsschläge und persönlicher Niederlagen aufsuchen, um dich in den Sumpf der Selbstaufgabe zu ziehen. Dann kommt es darauf an. Dann musst du über dich hinauswachsen und in der vollen Kraft deiner Eigenverantwortung erstrahlen. Und die Finsternis ein für allemal zum Teufel jagen.

Das Licht ist immer stärker als die Dunkelheit. Entscheidend ist nur, ob du dich alleine der Konfrontation stellst und auf Ausreden verzichtest. Kollegen, Lehrer, die Politiker, Ausländer – alle sind sie immer schuld an unserem Unglück. Sogar die zarte Kindheit bleibt oft nicht verschont. Psychologen und schrullige Therapeuten helfen gerne beim Auffinden kindlicher Kreditverbindlichkeiten. Und in kausaler „Wenn – dann"-Logik lassen sich Zusammenhänge leicht erkennen: „Natürlich geht es dir jetzt so schlecht. Bei der dominanten Mutter und dem rüpelhaften Vater. Bei dem schlechten Umgang deiner Clique" usw.

Dabei finden sich größere und kleinere traumatische Erfahrungen, schockierende Erlebnisse und Erziehungsfehler in jeder noch so ordentlichen Kindheit. Und wer die Pubertät ohne Sinnkrise überstanden zu haben glaubt, hat sie scheinbar noch nicht durchlebt.

Trotzdem sind wir nicht alle Verbrecher, Junkies und Nichtsnutze geworden. Manche von uns arbeiten sogar in einer Bank – so wie Mutti sich das immer vorgestellt hat. Und die Bank könnte uns jetzt ruhig einmal die Kreditraten streichen. Und dabei auch gleich selig sprechen.

Übung: Fernsehen

Lege dich entspannt hin und schließe deine Augen. Versuche dich an ein unerfreuliches Erlebnis oder etwas, das dich besonders geärgert hat, zu erinnern und stelle dir das Erlebte bildlich vor. Du siehst das Ereignis allerdings jetzt von außen und betrachtest die Situation völlig wertfrei. So, als würdest du vor einem Fernseher sitzen.
Lächle den beteiligten Personen zu, verabschiede dich höflich und bedanke dich für die wertvolle oder vielleicht auch völlig unnötige

Reich und schön

Dann bist du aber noch viel mehr als bloß schuldenfrei. Dann bist du richtig reich! Wenn du dich erst einmal von der Abhängigkeit und den Bewertungen anderer gelöst hast, wird es dir an nichts fehlen. Auch wenn du im Moment gar nicht weißt, wie du nächsten Monat die Miete zahlen sollst. Aber du wirst vielleicht zum ersten Mal in deinem Leben die erlösende Kraft grenzenloser Freiheit spüren. Das ist mehr als alles andere.

Denn was nützen der tollste Glamour und eine fette Börse, wenn du als fremdbestimmte Marionette immer nur vom Wohlwollen anderer abhängig bist? Reichtum besteht nie aus Klunkern, Villen und Whirlpools. Reich ist, wer frei ist. Und wirklich frei ist nur, wer nichts besitzt. Mit leichtem Gepäck reist es sich einfach viel besser in eine strahlende Zukunft.

Ka(r)ma Sutra

An esoterischen Stammtischen wird der Lauf des Schicksals klingend mit dem Begriff „Karma" umrissen. „Gutes Karma" steht dann meist für Erfolg und Moneten. Sind wir wieder einmal pleite und unglücklich, dann hat uns wohl wieder einmal das „schlechte Karma" erwischt. Dann dürfen wir uns auch gerne im Selbstmitleid suhlen. „Karma" bedeutet aber eigentlich „Handlung" und ist alles andere als die Willkür eines göttlichen Glückspielmonopols.

Jeder kann sein eigenes Karma beliebig verändern. Und den Jackpot knacken. Dein Karma ist der direkte Zusammenhang von gesetzten Ursachen und den entsprechenden Wirkungen. Ob bewusst, heimlich oder unbewusst – jede Ursache wird die volle Wirkung erzeugen, die ihrerseits wieder Ursache für die darauf folgende Wirkungen ist. Der so entstehende Strudel kann dich leicht nach unten ziehen – in die Finsternis.

Und sorgt dafür, dass du immer wieder mit den gleichen Problemen, Sorgen und Schicksalsschlägen konfrontiert wirst. Bis du daraus lernst, neue Ursachen setzt und das Blatt wendest. Dann kann dich gutes Karma auch mit voller Dynamik nach oben befördern – ins Licht.

Es kommt also viel weniger darauf an, was du jetzt gerade bist, als was du daraus machst. Sogar eigene Gedanken und Worte sind wirkungsvolle Ursachen. Taten zählen aber am meisten. Chancen, aktiv für eine strahlende Zukunft und ein aufregendes Leben zu sorgen, gibt es viele. Dieses Buch liefert dir genügend Stoff dazu.

Du musst die Prinzipien aber auch immer gleich praktisch umsetzen, sonst sind sie nicht einmal das Papier wert, auf das sie geschrieben wurden. Oder glaubst du, dass du deinen knackigen Hintern nur dadurch erhalten kannst, indem du das Kapitel über Fitnesstraining auswendig lernst? Menschen, die alles gelesen haben, die Wiedergeburten der letzten fünfzehn Inkarnationen aufgearbeitet haben und die spirituellen Schriften rückwärts rezitieren können, gibt es schon zu viele. Was zählt, sind Taten! Spirituelle Bildung, Bücher und Seminare sind ein erster Schritt. Erkenntnis findet aber nur in der praktischen Anwendung statt.

Seilschaft

Wie dir vielleicht schon aufgefallen ist, bist du nicht alleine auf der Welt. Dein Karma ist es schon gar nicht.

In alten buddhistischen Texten ist sinngemäß auch immer vom so genannten „kollektiven Karma" die Rede. Das kollektive Karma schließt alles ein – dich, mich und sogar den Köter, der gerade auf dein Auto pisst. Dieses gemeinschaftliche Schicksal ist daher die Summe aller Ursachen, die irgendwo auf der Welt gesetzt werden.

Das macht dich jetzt nervös, nicht? Wie kommst du denn dazu, dass das Karma des dauerkiffenden Sozialfalls aus dem Erdgeschoss deine strahlende Zukunft als „Business Woman of the Year" und „Manager of the Millenium" überschattet?

Reiß dich zusammen! Die neuen Helden haben Quantenbewusstsein – und wissen immer um die untrennbare Verbindung vom Ich zum Du. Jeder gibt sein Bestes – so gut er eben kann. Und so schlecht sind die Ragga-Klänge aus dem Erdgeschoß nun auch wieder nicht. Kollektives Karma ist immer eine Interaktion. Und bestimmt die Situation aller Beteiligten. Im besten Fall wendest du das Karma in eine „Win win"-Situation. Dein persönlicher Gewinn geht dabei immer Hand in Hand mit dem gleichzeitigen Nutzen für deine Mitmenschen.

Übung: Der Fels in der Brandung

Diese Übung wird von vielen berühmten Meistern gerne als effektvolle Demonstration ihrer geheimnisvollen Kräfte verwendet. Der spektakuläre Effekt entsteht aber keineswegs aufgrund irgendwelcher übermenschlichen Fähigkeiten. Vielmehr handelt es sich dabei um die perfekte Nutzung von äußerer Energie zur eigenen Stabilität. Das kannst du auch!

Stell dich in einer leichten Schrittstellung aufrecht hin und entspanne deine Muskulatur. Ein oder mehrere Partner versuchen dich durch konstanten Druck gegen deine Schultern aus dem Gleichgewicht zu bringen. Lege deine Handflächen leicht auf die Ellbogen des Partners und erwidere seine Kraft lächelnd mit einem leichten Aufwärtsdruck gegen seine Arme.

Du wirst erstaunt sein: So sehr sich die Partner auch anstrengen, sie können dich keinen Zentimeter von der Stelle bewegen. Das erscheint fast wie Zauberei und soll dir als Gleichnis dienen: Wenn du auch andere Menschen hochleben lässt, kann dich nichts mehr aus der Bahn werfen und du wirst wie ein Fels in der Brandung stehen!

PR-Gag

Lass es aber nicht im karmischen Ego-Trip enden. „Tue Gutes und sprich darüber" ist das Motto einer selbstgefälligen Charity-Clique. Dabei wird auch oft wirklich Gutes getan – Geld wird gesammelt und Hilfsprojekte werden unterstützt. Meist wird aber noch viel mehr darüber geredet. Zumindest solange die Kameras noch da sind. Die zur Schau gestellte Charity-Toleranz ist in Wirklichkeit oft nicht mehr als ein gut getarnter Laufsteg der Eitelkeiten.

Und so leicht macht es dir die Matrix auch wieder nicht. Wenn du jetzt selbstsüchtig versuchst, dir durch geheuchelt tolerante Gutmütigkeit eine Insel der Glückseligkeit zu verschaffen, wird die Sache nicht funktionieren. Stelle dir daher bei jedem Versuch, das Karma anderer aufzupolieren, auch die Frage nach dem ehrlichen Grund deiner Bemühungen. Bist du vielleicht nur auf deinen persönlichen Vorteil – auf PR, Ruhm, Lob und Anerkennung – erpicht? Bleib wachsam! Gutes Karma kann man nie genug haben!

Der Schmetterlingseffekt

Das beginnt vor allem einmal damit, dass du ab jetzt die volle Verantwortung für dein Schicksal übernimmst. Und dir dabei selbst der beste Freund und die beste Freundin bist. Wenn du auch noch aufmerksam bleibst und dich ein wenig mehr für die Bedürfnisse deiner Mitmenschen sensibilisierst, kannst du die Wirkung aber noch vervielfachen.

Als Schmetterlingseffekt bezeichnet man die große Wirkung kleinster Abweichungen im Anfangsstadium dynamischer Prozesse. Geringfügig veränderte Anfangsbedingungen können zu einer völlig anderen Entwicklung im System führen. Und so kann schon die kleinste Veränderung deines eigenen Verhaltens einen wahren Orkan auslösen. Die kleinsten Ursachen haben in Summe immer die größte Wirkung. Immer wenn du anderen zuhörst, auf andere Menschen zugehst und dafür keinen Dank, Ruhm und kein Lob erwartest, setzt du den Flügelschlag, der am anderen Ende der Welt einen Waldbrand löschen kann.

Das Ende der Welt

Ist auch höchste Zeit. Wir befinden uns an einem Punkt in der Geschichte, an dem der Weltuntergang längst besiegelt zu sein scheint. Klimakatastrophen, Kriege, unkontrollierbare Krankheiten und unendliche Armut geben nicht gerade Grund zur Hoffnung, auch wenn sich die schlimmsten Dramen meist in fernen Ländern abspielen. Dabei werden 80% der Ressourcen von nur 20% der Erdbevölkerung konsumiert. Du bist wahrscheinlich ein Teil der 20%.

Fragt sich nur, wie lange noch? Vielleicht gibt es aber gar keine Nahrungs- und Ressourcenknappheit und die Dinge sind einfach nur ungerecht verteilt. Dann gibt es wieder Grund zur Hoffnung.

Wenn etwas fehlt, dann sind das Menschen, die den weiteren Verlauf der Weltgeschichte selbst in die Hand nehmen.

Online

Die Kraft ist in dir. Erkennst du sie, wird sie dir zuteil. Nur du alleine kannst die Matrix verändern. Du kannst online deine eigene Wirklichkeit erbauen, Träume leicht verwirklichen und endlich sein, wer du schon immer sein wolltest. Aber erst wenn du online bleibst und die Standleitung zur Matrix offen hältst, kann der Kraftfluss in die Gänge kommen. Und du hast Zugang zum grenzenlosen Wissen des göttlichen Internet-Portals. Du kannst dann ruhig behaupten, online ein wenig religiöser geworden zu sein.

Der Begriff „Religion" wird heutzutage auch meist falsch interpretiert. Üblicherweise assoziiert man damit ein bestimmtes Glaubensbekenntnis oder eine bestimmte Konfession. Religion aber leitet sich vom lateinischen Wort „religio" her, was soviel wie „Rückbindung" bedeutet. Es heißt, dass du eine Verbindung zu etwas aufgegeben hast, um dich wieder bewusst zu verbinden. Die volle Eigenverantwortung zu tragen und sich von den Bewertungen anderer zu befreien ist dazu sicherlich der erste Schritt. Aber erst, wenn du dich mit der Matrix deiner Wirklichkeit verbindest, kann dich ihre volle Kraft durchströmen.

Raus mit dem alten Plunder!

Damit kannst du die Schwerkraft überwinden und das Fliegen lernen. Dein Ich wird sich aber immer am Besitz festhalten wollen und die Sache unnötig erschweren. Dieses Festhalten wird aber nicht von den Reichtümern ausgelöst, sondern einzig vom Glauben, diese tatsächlich zu besitzen. Dann entsteht schnell: „Meine Sandschaufel!", „Mein Image!", „Meine Probleme!","Meine Religion", „meine Überzeugung", „meine Kohle" und „meine teure Sonnenbrille". Und wir hängen schon wieder an den schweren Ketten der unüberwindbaren Gegensätze von Mein und Dein, von Innen und Außen – das Trauerspiel beginnt von vorne. Raus damit. Raus mit dem Groll. Raus mit dem Zorn.

Die Matrix kann Vakuum nicht ausstehen. Wenn du dich vom alten Ballast befreist, wirst du Platz für Neues schaffen. Was bleibt, bist ganz du selbst.

Glaubensfragen

Gelebte Religion kann zum Anker im Wirbelsturm deines Lebens werden und dich als Rückverbindung mit ursprünglichem Vertrauen wappnen. Welche Religion du dir aussuchst, steht dir heutzutage „Gott sei Dank" frei.

Achte bei deiner Wahl aber auf folgende Entscheidungshilfen:
- Was sind die grundlegenden Inhalte und Lehren?
- Wie werden die Grundwerte von Menschlichkeit, Freiheit und Frieden vermittelt?
- Fördert die Philosophie auch die Toleranz gegenüber anderen Glaubensrichtungen oder sieht sie sich als die „ausschließlich alleine selig machende" Lehre?
- Welchen Stellenwert nehmen Frauen ein?
- Wie steht es um die Vergebung von „Sünden"?
- Wie sehr bestimmt die Angst vor „höherer" Strafe das Verhalten der Gläubigen?
- Wie tolerant, entspannt und liebevoll gehen die Mitglieder auf andere Menschen ein?
- Unterliegen die Mitglieder irgendwelchen erzwungenen Mitglied-

schaften und agieren fremdbestimmt unter Ausschluss der Eigen-
verantwortlichkeit?

→ Hilft die Glaubensrichtung auch tatsächlich bei der Überwindung
von Schicksalsschlägen und den Anforderungen des täglichen
Lebens?

Wenn du unter der Vielfalt der möglichen Religionen eine findest, die sich
mit deinen persönlichen Überzeugungen vereinen lässt, kann das dein
Leben bereichern. Dafür kannst du ruhig auch einige Entbehrungen und
Opfer auf dich nehmen. Nicht umsonst bezeichnete schon Gandhi eine
„Religion ohne Opferbereitschaft" als einen der gefährlichen Irrwege
moderner Zeit.

Das geheime Elixier

Wenn du ganz du selbst geworden bist, hältst du das geheime Elixier der
Erleuchteten und großen Meister in deinen Händen. Du musst diese magische Kraft jetzt nach Hause bringen. Das Licht, das du in der anderen
Wirklichkeit mutig erkämpft hast: die Liebe. Sie alleine kann die Polarität
überwinden. Sie ist die Einheit selbst.

Die Liebe unterscheidet nicht mehr zwischen Gut und Böse, Freund und
Feind, Buddha & Rock'n'Roll. Sie bewertet nicht, grenzt nichts aus und
stellt keine Forderungen.

Am leichtesten gelingt dir das sicherlich bei deinen Nächsten. Eine liebe-
volle Partnerschaft und tiefe Freundschaften können viel verändern. Aber
schon die alten Griechen kannten zumindest drei Begriffe für die Liebe: Eros
bezeichnet die Liebe zwischen zwei Menschen. Philia bezeichnet die Liebe,
die man Freunden entgegenbringt. Agape aber ist die höchste Form der
Liebe – die Meisterschaft – und beinhaltet Eros und Philia.

Wörtlich bedeutet sie „sich zufrieden geben" und „jemandem Achtung
schenken" und bezeichnet die magische Fähigkeit zur allmächtigen und
uneingeschränkten Liebe. Möglichkeiten sie zu aktivieren gibt es viele.

Ärmeren und benachteiligten Menschen zu helfen ist aber noch lange nicht genug. Baue dein eigenes Glück auch auf das Glück deiner Mitmenschen. Ausnahmslos!

Die Meisterstufe für echte Helden ist die uneingeschränkte Liebe zu allem und jedem – sogar zu Feinden. Du musst dich ja nicht gleich mit jedem Miesepeter, mit Büronattern und üblen Typen im Schmusetakt wiegen.

Aber respektiere sie zumindest als gleichwertige Lebewesen und schließe Frieden mit allem, was dir im wilden Universum so entgegenkommt. Das entfesselt den Vulkan, befreit unnötig gebundene Energie und wird dein Leben auf immer verändern. Dann kannst du einen flüchtigen Blick in die unendliche Kraft der Matrix erhaschen und die volle Ladung in dir fühlen.

Dann bist du völlig frei!

So kannst du dich regelmäßig in folgenden Bereichen engagieren:
- Soziale Gemeinschaft und Nachbarschaftshilfe
- Kunst und Kultur
- Menschenrechte
- Umwelt- und Klimaschutz
- Frieden und Völkerverständigung
- Ältere Menschen
- Jugendliche und Kinder
- Gesundheit

Du kannst aber auch mutig gegen verschiedenste Themenverfehlungen antreten:
- Konsumzwang und Globalisierung
- Diskriminierung und Rassismus
- Gewalt und Missbrauch
- Umweltverschmutzung und die Ausbeutung globaler Energieressourcen.

Möglichkeiten dazu findest du jeden Tag zur Genüge. Übe so oft du nur kannst – es geht um dein Leben! Oft sind es eher die kleinen und unspektakulären Handlungen, auf die es ankommt. Bleib kreativ und suche dir ruhig auch kurzweilige Möglichkeiten zur Karma-Pflege. Wie bei einem Steinwurf ins Wasser werden sich deine Bemühung aber in immer größeren konzentrischen Kreisen ausbreiten. Und unser aller Karma aufpolieren.

Die Moral von der Geschichte

Hast du diese allumfassende Liebe erst einmal gefühlt, brauchst du keine weltlichen Gesetze, Moralvorschriften und spirituelle Lehren mehr. Dann brauchst du überhaupt nichts und niemandem mehr zu folgen und das Licht von Glück und Lebensfreude irgendwo suchen.

Du selbst bist das Licht. Und kannst es in allen anderen erkennen.

Dann wirst du Schulter an Schulter mit den neuen Helden die ganze Welt rocken. Und im größten Abenteuer aller Zeiten den Lauf der Sterne erschüttern. Das Leben ist schön ...

Lebenshilfe ***Orac***

Mit Shinergy zum Erfolg

Ronny Kokert

Shinergy

Der Weg der neuen Krieger

Innere Kraft & Gelassenheit

176 Seiten
durchgehend vierfarbig illustriert
Format 12,5 x 20,6 cm
gebunden mit Schutzumschlag

ISBN 978-3-7015-0451-0
Orac, 2003

Ein Ratgeber von Ronny Kokert, österreichischer Tae-Kwon-Do-Champion und US-Open-Medaillengewinner, für alle, die sich ihrer eigenen Kräfte bewusst werden wollen. Shinergy: eine aus traditionellen fernöstlichen Kampftechniken und sportmedizinischen Erkenntnissen entwickelte Methode, um ohne Furcht persönliche Visionen zu verwirklichen.